LES JEUNES
FEMMES
DE 50 ANS

Mylène Desclaux

大人が自分らしく生きるためにずっと知りたかったこと

ミレーヌ・デクロー　吉田良子 訳

ダイヤモンド社

LES JEUNES FEMMES DE 50 ANS
by
Mylène Desclaux

Japanese translation rights arranged with
EDITIONS JEAN-CLAUDE LATTES
through Japan UNI Agency, Inc., Tokyo

"L'age est une abstraction."
Ma psy lors de notre derniere seance
(Paris VIIe, 40 minutes, cout indecent)

「年齢とは抽象的なものです」

最後の面接での主治医の言葉
（パリ、12区、40分間、とんでもなく高額）

はじめに

50歳になった日、私は独りだった。子どもたちはすでに独立し、仕事も辞めていた。その20年前には、子どもを産み、会社を立ち上げた。ある男性を愛し、やがて愛せなくなった。その後、別の男性を愛し、また子どもを産み、そしてまた愛せなくなった。子どもに関しては、以上。愛については、ほぼ5年周期で続けた（20年間で四人だから）。

当時、次の仕事を探していたけれど、見つからなかった。出会いも求めたけれど、こちらもだめ。カルマのなせる業《わざ》なのか、次々とふられた。心の声がからかうようにささやいた。「これもいままでの報いじゃない？」。

何もかもがうまくいかなかった。のしかかる孤独、働いていない後ろめたさ、悲しい記憶、空のベッドと住まい、いまの生活のむなしさ、そして、どうやっても若いときのようにはならない体……。

特に思い知らされたのは、常に若さと新しさが求められる社会での、中年層に向けられる視線の厳しさ。就職情報誌でも恋愛雑誌でも、50代女性はお呼びではない。
「50代は人生で一番美しい年齢」なんて、いったい誰が言ったの？

年齢で決めつけられるのは好きじゃない。

ましてや、「50代」なんて一言でくくられたくはない。

私が50代と言われて連想するのは、自分の母親世代。それは、いまの自分とはあまりにも違う。周りを見回しても、いまの50代女性たちは、最後の炎を燃やしたいという欲望と、居心地のいい場所に落ち着きたいという願いの間で心を引き裂かれている。エネルギーにあふれ、忙しく活動している一方で、内には不安を隠し持っている。

私にはそれがよくわかる。私自身、なんとかバランスを保ちながら、綱渡りをしているから。目の前には素晴らしい風景が広がっているけれど、足元に目をやると、そこには何もない。バランス棒が折れたなら、真っ逆さまに落ちるだけ。ジミニー・クリケット（＊『ピノキオ』に登場する物言うコオロギ。ピノキオの良心役）が耳元で励ましてくれる。「大丈夫。チャンスが待っているよ。だからそれに向かって進むんだ！　穴に落ちることを恐れちゃいけない。それよりも、この美しい、仮空のグランド・キャニオンを楽しむんだよ」……と。

50歳の誕生日、私は心に決めた。これからはもう誰にも、自分自身に対しても、年齢の話はしない。そして、この誓いを守るために始めたのが、ブログ〝Happy Q〟(＊「楽しい50代」)。

50代は人生の真ん中とみなされがち。でも、そうじゃない。50代は人生の真ん中でも4分の3でもない。終わりでもなく、最終章でもない。

50代はちょっとした軽い意識、現実との距離、経験の総体、端数《はすう》のない数字、そして、未知の物ごとが並ぶ大通りへの扉。

50代はひどいことになるかもしれないし、素晴らしくなるかもしれない。あらかじめ準備をしておけば、トラブルが起こってもきっと楽に切り抜けられる。でも、トラブルが起こりそうで起こらなければもっとラッキー。

いまという時代に生まれたのはとても幸せ。栄養がよくなり、化粧品も進化し、生活の質が向上したおかげで、50代の女性は年々若返っている。だから、そこに愛とユーモアとよい遺伝形質と……チャンスが加われば、ほら、10歳は若返る！　よい条件のストレート・フラッシュで勝利をつかもう。

ただそうは言っても、50代の私にとって、悲しいことに、これから迎える春は、過ぎ去った春よりも少ない。だからあまりノスタルジーに浸らず、くよくよしないようにしている。若さゆえの特権――明け方までパーティを楽しむ体力、飲んだ翌日のさわやかな目覚め、衝動的なセックス、男性との好ましくないおつきあい――なんて、もうなくてもかまわない。残されているものを楽しめばいいだけ。母親世代には手に入らなかった高品質の美容が、50代を新たな40代にしてくれる。

では、そんな50代の若き女性たちは、どう生きればいい？

私が意識しているのは、心地よくて優しく、独特のユーモアのある時間を見つけること。過ぎゆく日々を当たり前と思わずに、毎日の生活の中で、見たり読んだり味わったりした、ささやかなよい出来事を分かち合うこと。日常生活や住んでいる街や生きている時代、周りの人々のよいところやさまざまな状況を、それらの一番美しい面が見えるような角度から眺め、その瞬間を楽しみ、できる限り喜びを伝えること。

そしてまた、受け身で心静かな時を過ごすこと。何も求めず、何も強いられず、何も支配しない時間。何も決めず、誇張せず、ジタバタしない――。こうした時を受け入れる。

「幸せ」（bonheur）という言葉は、「よい」（bon）「時間」（heure）という意味だもの。

50代は最高の時間。鋭く切りとった一瞬ではなく、ビロードのようにすべらかな時間が目の前に続く。このゆるやかな加速に身をゆだね、瞬間ごとを生きるのではなく、穏やかに時を過ごしたい。

さまよい、熱中し、戦い、勇気を持つ――50代の若き女性たちがそれらに注ぐまなざしを分かち合いたくて、本書を書いた。

取り上げるエピソードは個人的だけれども一般的で、辛辣《しんらつ》だけれどユーモアに満ちている。女性たちがずっと戦い続けてきたにもかかわらず、過小評価され、偏見を受けてきたこの数十年間を覆すことができたら！

本書を、50年という年月の積み重ねの前にとまどっているすべての女性に捧げたい。

さあ、限りある命を受け入れ、年齢に関するコンプレックスを打ち捨て、首や膝に刻まれた年月の跡を気にせず、全身にまとった贅肉《ぜいにく》に注がれる他人の視線をはねのけよう。そうすれば、きっとリラックスして、自分が本当にやりたい道を心穏やかに進むことができるはず。

そして、もしもその途中で立ち止まり、家具をどかし、音楽の音量を上げて、テーブルの上で踊りたくなったら、誰が私たちを止められる？

Contents

Chapter

2

50代で再び独りになる

Chapter

3

50代の若き女性がカップルになるとき

Chapter

4

「50代の若き女性について、ずっと知りたかったこと」

※文中の（＊）はすべて訳注です

La question de l'âge

—

年齢の問題

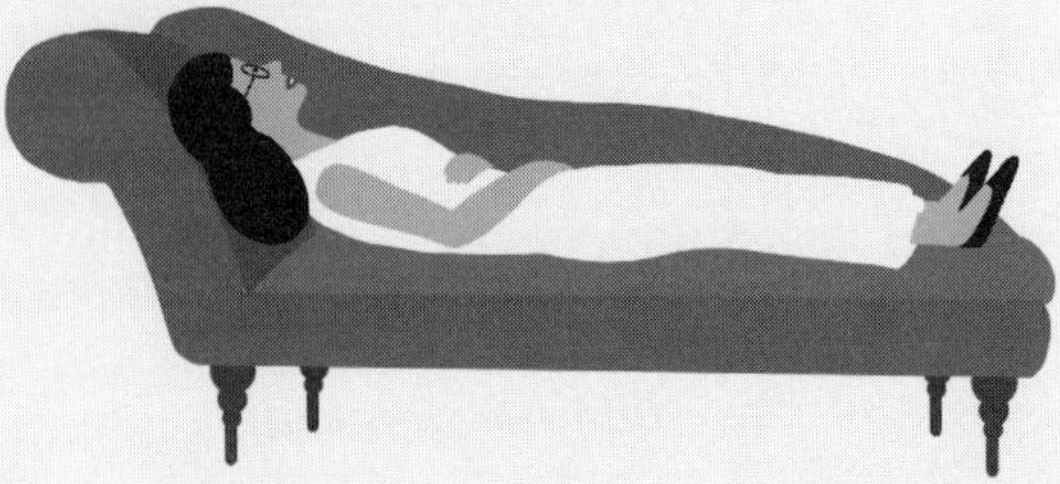

Chapter

1

“自分の年齢を隠し続けるというのは、自分を若いと思い込み、
他人にもそう思わせようとすることだ”

── ジャン・ド・ラ・ブリュイエール『カラクテール』

年齢を言う？　言わない？

人が年齢を明かさなくなるのはいつからだろう？

とても若いのに年を言いたがらない人もいる。そういう人はたとえいくつであっても自分の年齢が気にいらない人。でも、だからといって年を偽ったり、思い出にしがみついたり、身分証明書の写真をフォトショップで加工したりするのは、絶対にやめたほうがいい。大きなしっぺ返しが待っているから。

年齢を偽ると老ける

いつも年を5歳若く言う友人がいる。彼女にとってはそれが当たり前。というよりも、実際に自分を5歳若いと思い込んでいるみたい。周りは、それを「小さな見栄」と思って見逃していて、たいていはそれで問題なし。だって彼女はほっそりした美人で、何も言わなくても10歳は若く見えるから。けれど私の経験から言うと、ずっと年齢を偽ってきた人は、本当の年齢が明らかになったとたん、怖いくらいに一気に老け込む。たぶん、実年齢とのギャップで急に年をとって見えるから。

嘘に効き目があるのは、絶対にばれないときだけ。ほんのわずかでもばれる可能性があるなら、最初から真実を言ったほうがいい（ただし、浮気は例外。愛し合う人たちは、小さな喧嘩は許せても、裏切りを知ったら修復は難しくなる。だから手にした幸せを守りたいなら、最後まで嘘をつきとおす！）。

さて、この若き50代女性が、新しい恋人と週末にヴェニス旅行に出かけた、空港で入国審査を受けたときのこと。国境警察官が二人のパスポートを丁寧にチェックしたあと、なんと二冊一緒に、恋人に返してしまった！　彼がふと彼女のパスポートに目をやると、そこには聞かされていたのとは違う年齢が……。

彼女はあわててパスポートを取り戻したけれど、時すでに遅し。どうしよう？　もう取り返しはつかない。この何週間もの努力が、警察官のへまのせいで水の泡！　いいえ、自分も悪かった。もっと注意していればよかった……。

ゴンドラに揺られながらも、彼女の頭の中はそのことばかり。この旅行が終わったら別れを切り出されるかしら。私が嘘をついたから。いいえ、私が年をとりすぎているから？

出発の朝。彼女が荷造りをしている間、彼は洗面所でひげをそっていた。棚の上には、無造作に置かれた彼のパスポート。純粋な好奇心から――それに、むこうだって見たのだもの――彼女はそれを開いた。すると……なんと彼も嘘をついていた！　しかも彼女と同じように、5歳サバを読んでいた！

このとき彼女が感じたのは、安堵と喜びと、そして腹立たしさ。出会って愛が芽生え、互いを知り始めた頃、二人はそろって嘘をついていたということだ。

片方だけがだますよりはいいかも。でも、始まったばかりの関係にこんな形で傷がつくのはどうだろう？　危険が大きすぎない？　まあ、結果的に彼らは、年齢を偽ったおかげでうまくいったのだけれど。二人はいまもつきあっている。

人の年齢を聞かない

年齢を聞かれたくなかったら、一番いいのは、こちらも相手の年齢を聞かないこと。フラットな関係を築きたいならなおさら。そうすれば先入観を持たずに済むし、妙なひがみも生まれない。

そもそも、年齢にコンプレックスを持っているなんて、黙っていれば相手にはわからないこと。訛《なま》りと一緒で、口にしなければ気づかれないでしょう？

年齢を言わずに済むために

年齢を書くのは、本当に必要なとき――たとえば会社や役所の書類――だけにしよう。それ以外は絶対に、そう、絶対に年齢を話題にしないで！　これは私の経験から強くおすすめしたい。これまで生きてきた年数を口にしたとたん、魔法のようにその年齢が肌に貼りついてしまうから……。

聞かれてもいないのに、ましてや何の見返りもないのに、むやみに年齢を教える必要はない。だってあなたという人の輝きは、身分証明書なんかでは測れないものだから（ただし、彼が子どもを欲しがっているなら話は別。私たちが望むような男性は、おそらくそんな年齢ではないと思うけれど）。

ところで、最近はあらゆるものを自慢する人が増えていることにびっくりする。武器として、年齢を自慢する人までいる。成功とか、資格とか、子どもを自慢するならまだわかる。だってそれらは自分で成し遂げたり育てたりしたものだから。でも、性的な好みや、宗教や、年齢は自然に生まれるものであって、勝ち取るものではない。自慢するなんてばかげてる。以上。

50代であることがバレてしまう事柄

質問を避ける、冗談でかわす、携帯に着信があったふりをする……。こんな方法で、これまでうまく年齢をうやむやにしてきた。それなのに、なぜ年がわかってしまうの……？年齢をあからさまにしてしまうことって、いったい何？

兄弟姉妹や子どもの年齢からバレるパターン

何気ないそぶりを見せながら、罠は周到にはりめぐらされている。

人によって（特に女性）はストレートに年齢を聞かずに、斜めの角度から攻めてくる。

「ご兄弟かご姉妹はいるの？」

「ええ、兄弟が一人」

「おいくつ？」

「52歳」

「お兄さん、それとも弟さん？」……

残念ながら兄弟姉妹がいないとわかったら、徐々に正面から。

「お子さんはいるの？」

「ええ」

「おいくつ？」

この場合明らかに優位なのは、子どもを産むのが遅かった女性。小さな子どもの年齢、それは口にするたびに若返るシワ取りクリームのようなもの！

それでは大きな子どもは？　前の結婚で産んだ息子が30歳だったら？　その子について聞かれた時点でそれまでの努力は全部パー。個人的な経験から言うと、成長した子どもの存在を隠すことは、自分の年齢を隠すよりずっと難しい。

一般的に、無遠慮に子どもの年齢を聞いてくる人は、返事を聞くと薄ら笑いを浮かべながらこう叫ぶ。「ウソでしょう!?　信じられない！」。あるいは、「それじゃあ、ものすごーく若いときに産んだのね？」。

ここで大切なのは、このお世辞がただの社交辞令なのか、探りを入れているのか、それともお金を借りたいという下心からなのかを見極めること。そしてさらに注意すべきなのは、こうした反応を当然だと思い込まないこと。運悪く相手が意地悪だったり睡眠不足だったりして、期待どおりの言葉を返してくれないことだってあるのだから。

そもそも、女性が年齢を明かすときは、内心必ず「とてもそうは見えないわ！」という言葉を待っているもの。それなのにそう言ってもらえなかったら？　45歳以下の女性なら「失礼ね」と感じるだろうし、55歳以下なら「まともな人じゃないわね」と考えるはず。それより年上ならば「殺す気？」と思うかもしれない。

ところで私は、質問してくる相手によっては、こう答えて楽しんでいる。「子どもは二人。息子は4歳で、娘は18か月です」。相手はとまどうか、面白がって笑ってくれる（このときばかりは、「とてもそうは見えないわ」なんて言われたら相手を殴ってしまうかも）。こうした冗談は質問をはぐらかすのには役立つ。たいていの人はちょっと笑って、話題を変えてくれる。それでもしつこく聞いてくるのは、〝ミスター好奇心〟か〝ミセス裏切り〟くらい。

いずれにしても、いまはネットで探せば、細かな経歴までわかってしまう。たとえば「1985年に大学を卒業しているじゃない。そのとき8歳のわけがないでしょ！」とか。子ども関連の情報はグーグルと切り離すのが難しいので、そこから真実があらわになりやすい。でも幸いに（もしかすると残念ながら）、誰もがあなたに興味を持っているわけじゃない。

年齢に関しては、気負わずに対処しよう。隠さず、いら立たず、傷つかず。そして、穏やかそうなのに無神経な人――その手の人は男女問わずいる――がズケズケと年齢を尋ねてきたら、ほほ笑んで、そんなことは聞くべきではないと気づかせてあげよう。セラピストに代わって「年齢とは抽象的なものなのよ」と教えてあげるのだ。

でも観察したところでは、人は自分より若く見える相手には決して年齢を聞かない。

魔の同級生との再会

大きな子どもよりも、目の周りのシワよりも、あなたの年齢を知らしめてしまうものがある。その一つが、不意に訪れる、昔の同級生との再会。

彼女はあなたに気づいて、声をかける。でも、あなたは彼女が誰だかわからない。こういうケースはいつだってその逆よりも気分がいいもの。しかも彼女はひどく老けて見える。〈私はあんなに老けていない〉。でも、同時にこうも感じる。〈むこうもきっとそう思っているわ〉と。ああ、照明がもう少し明るかったら若く見えるのに……。

こうした再会はお互いにぎこちなく笑顔を交わすだけで、どちらにもいいことはない。あとで気分が落ち込むだけ。だからこんな試練は避けて、同窓会は迷わず欠席しよう。ノスタルジーはお肌に悪い。

私は南フランスのカタルーニャが大好き。そう、私の故郷。自分の生まれた村はフランスで一番美しいと思っている。けれども村に帰るたび、都会の美意識からは到底許せない昔の同級生に出会ってしまう。

彼女たちは、私が「若いけれど……」と言われていた頃をよーく知っている。「若いけれど……」花盛りのニキビ、矯正前の歯並び、世界中の皮肉をはじき返しそうな分厚いメガネ。誰だって、こんなことを覚えていてほしくはないでしょ？

時が流れ、ロアキュテイ(＊ニキビ治療薬)が発売され、歯並びはきれいになり、レーザー治療で視力も矯正された(ただし、ちょっとの間だけ。もうすぐ老眼になるから)。若い体は、ふくよかではあっても太ってはいないと思っていたけれど、当時の写真を見るとほっぺはパンパンで、やっぱり太っている。もっとひどいのが服装。センスが悪いのか、それが流行りだったのか、とにかく全然似合っていない。そしていまとなっては恥ずかしさに震えるばかりなのが、奇妙きてれつな髪型！　客のおとなしさにつけ込んで、美容師が好き勝手していたとしか思えない。

その後、いくつもの出会いや経験、子どもとの時間を通して自分を構築し、自己実現した私は別人に――いまの私自身になった。もう美容師の好きにはさせないわ！

ああ、それなのに！　35年ぶりに会った昔の同級生は私を過去に引き戻す。「あら、訛りがなくなったの？」（昔は訛っていたって言いたいの？）。そして意味ありげな笑いを浮かべてこう続ける。「いまはパリ訛りで話してるってわけね！」。

昔流行った歌をつい口ずさむ

もしも「誰もが好きなことをやっている」（＊1981年に大ヒットした〝フレンチナイト〟の一節）と迷わず歌えるならば、その曲が流行った年に20歳だったということ。

あの頃は、まるでスポンジのように、聴いたものすべてを脳に吸収していた。そして大声で歌ったりもした。ニコラ・ペイラック、ジョー・ダッサン、ダニエル・バラボワーヌ……。フランス語の歌のほうが多いのはどうして？　それはつまり、英語が苦手で、あやふやな歌詞で音だけ真似ていたから。誰でもそうだったでしょ？

記憶が鮮明なのはいつ？

15歳で学んだことはいまでもよく覚えているのに、最近覚えたことは、まるで私をからかうかのように毎日ころころ変わってしまう。
40歳になるまでは、記憶力にかけては誰にも負けない自信があったのに、あるとき思い出せない名前が一つできた。それが二つになると、今度は思い出せない単語が一つでき、それが100に増えると、出来事も思い出せなくなり、ついには、映画を15分観たところでようやく前にも観た映画だと思い出すように……。だから「いやだ、アルツハイマーになったみたい！」と笑ってみせるけど、内心ではあまり変わらないと思っている。

英語を話せないこと

これこそフランス人最大のコンプレックス！　50代の人は英語を話せないし、おそらくこの先も正確に話せるようにはならない。仕方ないわ。我が国では、大臣や大統領といったエリートですらそうなのだもの。ニコラ・サルコジが、雨の日にヒラリー・クリントンを出迎えて、英語で「あいにくのお時間で」と挨拶したのは有名な話（フランス語では「天気」と「時間」は同じ単語）。なんて恥ずかしいの！

正しく英語が話せる人はとても少ない。話せるとしたら、両親が外国に住んでいたか、都会の裕福で教養のある家庭に生まれて、子どもの頃にアメリカのサマーキャンプかイギリスのカレッジに行ったことがあるかのどちらか。

私は1970年代に人の少ない田舎で育った。初めて英語を聞いたのは、中学生になったとき。それからずっと、週に3時間の授業が私の学んだ英語のすべて。インターネットはまだなかったし、映画はすべて吹き替えだった時代。

幸いなことに時代は変わりつつあって、いまの子どもたちはユーチューブやネットフリックスのおかげでとても早い時期から英語に触れている。一方、私たち世代に残された唯一の選択肢はといえば、あきらめること。50代で英語を学ぼうなんて考えは捨てて。もちろん、少しはうまくなるはずだし、ものすごく頑張ればさらにもう少しできるようになるかもしれない。でも、流暢《りゅうちょう》に会話するとか、早口でまくし立てるとか、食事の席で最初から最後まで完璧に会話を理解して、ちょうどいいタイミングで笑うとかは、絶対に無理！

同世代の中では、私は英語の読み書きや理解ができるほうだと思う。高等教育を受け、ここ数年間で何度もアメリカに長期滞在し、ニューヨーク大学の研修会にも参加した（これは英語を意欲的に学ぼうとする姿勢の表われ）。それでも、英語で2時間会話するとヘトヘト。途方もない疲労感に打ち負かされて、メインディッシュが終わってチーズが出される頃には、言葉が出なくなるか、パニックに陥って、「誰かフランス語の話せる人ー！」

と、通じる相手を必死で探す羽目になる。

アメリカのテレビドラマは、自分の集中度の変化のバロメーター。最初は字幕なしで観始めて、途中で英語の字幕を出す。そして次のエピソードになったら、フランス語の字幕を選択。

文字を読むときにメガネをかける

メガネがプラスの効果を生むのは、疲れた顔を隠すときと、嫌いな人に挨拶しなくて済むようにサングラスをかけるときと、30歳未満であるときだけ。これ以外はすべて、メガネをかけるとその人のイメージはダウンする。近眼の人が少しでもメガネをかける時間を短くしたいなら（誰だっていつかは老眼鏡をかけるのだから）、矯正手術を受けるしかない。

初めてのデートでレストランに行ったら、メニューを見るときにメガネをかけちゃだめ。携帯電話のライトでそっと照らすか、いっそメニューを見ないで「本日のおすすめ」を注文して。ただし、二回目以降はメガネOK。お互い、ありのままの姿を好きになっているはずだから。

ITアレルギー

初めてメールアドレスを持ったのは何歳のときだった？　考えると唖然《あぜん》としてしまう。いまの子どもは小学校入学と同時に携帯電話を持ち、翌年にはインスタグラムのアカウントを開設するというのに！　私たちはクラウドやウェブのことはほとんどわからない。55歳以上で、TXT（＊テキスト形式）やDNS（＊ドメイン・ネーム・システム）の意味を——たとえ使っていても——ちゃんと説明できる人には会ったことがない。これも英語と同じ。上達はしても、本当に使えるようにはなれない。

写真をアルバムに貼る

かつて、私たちの人生の歩みはページに貼られた写真の中に存在していた。ときどき、何かの折——引っ越しとか、肩の凝るパーティのあととか——に分厚いアルバムを取り出して、いろいろな出来事や大切な思い出を語り合った。過ぎた年月が、生き生きとした瞬間や若かりし頃の姿をとらえたスナップ写真でよみがえる。懐かしさが波のように押し寄せる。そして、胸が締め付けられるような思いで再びアルバムをしまい込む。次に引っ越すとか、次に肩の凝るパーティがあるときまで……。いまではすっかり、アップルやクラウドがそれにとってかわった。写真はバーチャル空間に保存されるので、思い出を取り出すときにもう埃《ほこり》はたたない。もっとも、探すこともないけれど。

誕生日を盛大に祝う

誕生会を開くべき？　もう1歳、余計に年をとるだけなのに？　その1歳のせいで落ち込んだり、死にたいような気分になったりするのに？

答えは「イエス」、そして「ノー」。

「イエス」の理由は、お祭り騒ぎはいつだって楽しいし、若返るから。たとえ夜中にへたりこんでしまったとしても。それに、誕生日なんてたいしたことじゃないわ、年をとるのは抽象的なことよ、と証明するためにも、答えは「イエス」。

「ノー」の理由は、「彼女、何歳になるの？」と聞いてまわる人間が必ずいるから。そしてその年齢に10を足した数字が、10年後に思い出されてしまうから。

もちろん「だって、パーティをするチャンスじゃないの！」という人もいる。でも、違う。これは年齢を言わずに済ませるチャンス。そもそも、50歳を過ぎてからまた一つ数字が増えることを声高に叫んで何の得があるの？　だから少なくともこれから数年間は誕生会は必要なし。ずっとあとになって、見栄もなくなり、友だちもわずかになった頃、また開いてもらえるようになる。子どもや孫や、ごくごく親しい人たちに。

パーティをしたいなら誕生会と言わずにイベントとして楽しむのはどう？　それなら絶対、友だちにも喜ばれる。だって彼ら彼女らはプレゼントを買うかわりにこう言えばいいのだもの。「あら、お誕生日だったの？　言ってくれればよかったのに……」と。

でも、パーティを開かないのなら、どうやって誕生日をお祝いしたらいいだろう。猫をなでながら、たった一人で物思いにふけりながら一夜を過ごす？

いいえ、心配しないで。南国風のインテリアに囲まれて沈む夕日を眺めなくても、恋する相手と一緒でなくても大丈夫。冷蔵庫の隅にあったワインをキッチンで開けて、二、三人の女友だちと飲めばそれで十分。ろうそくを灯し、大音量で音楽を流し、シャンパンの泡をはじけさせ、撮った写真をインスタグラムとフェイスブックにアップする。

そして、「お誕生日おめでとう」のメッセージに少しでも個性的なコメントをつけようと競い合ってくれた40人の同級生に、まとめて「どうもありがとう」と投稿。

何よりも忘れてはいけないのは、年齢とは、比較されたときに初めて現実になるということ。つまり、年齢が取りざたされるのは周囲に年の違う人がいるときだけ。
年齢を知らなければ、そこにいるのは「人間」でしかないのだから。

彼との年齢差をめぐって

”魔法のランプよ、どうかお願い、運命の人を私と同世代にしてください。
そうでなければ、年下にしてください。“

私が思うに、年齢差の問題が大きくなるのは50代、つまり〈人生のシーズン2〉になってから。男友だちに出会いがあったと知ると、とっさに聞いてしまうのが、「彼女は何歳?」。

このとき、心の中では「同じ世代でありますように!」と願ってる。聞かなければよかったと思わされることもあるけれど。

一番嬉しいのは、この返事。「彼のほうが年下みたいよ」。

50代の男性は若い女性がお好み?

50代の男性は「愛と平和」がお好き。いいえ、「平和と愛」と言ったほうがいい? かつてのパートナーとの争いや倦怠期《けんたいき》を体験した結果、彼らは気が合って安らげる関係を求めている。虚栄心はおおかたなくなっているし、譲れない線もはっきりしてわかりやすい。離婚して自由を知っているから、同じ過ちだって繰り返さない。

そうはいっても、現実に増えているのは、若い女性と年上の男性の組み合わせ。男は生まれつき威張りたい生き物だから? それとも、生殖本能のなせるわざ? それはちょっとわからない。

年上のパートナーを持つ女性にとって、自分の若さは武器。たいていは優位に立てるし、商品としての価値を与えてくれる。年齢で悩むこともない。だって、いくつになろうと自分のほうが若いのだもの。そのかわり、年をとってよぼよぼになった夫の友人にも愛想よくしなくちゃいけないし、死ぬほど退屈でもにこやかにしていなくてはいけない。時が経つほどに我慢することも増えてくる。

それにしても、「年齢」という、私たちにはどうすることもできないものでパートナーの価値が高まるなんて、やっぱりおかしいような気がする。

10歳以上年齢差があるカップルの場合は、男性は若返ったように見えるもの。けれども、それは、愛が肌や体重に目を見張る効果を与えてくれる初めのうちだけ。それを過ぎると情熱は急速にしぼみ、愛の力は数か月で衰え、数年で消え去って、事態は悪化。日常生活という長いトンネルを進むうちに、外面もつくり笑いもはがれ、ムッシュは息切れしてくる。でも、それを見せるわけにはいかない。そこで彼は、シワだらけの体にパリッとしたスーツをまとって「気取って」みせる。そう、〝ムッシュ気取り〟の迷走がスタートするのだ。まず歯を白くし、次に甲状腺再生手術を受け（これについては、友人たちは気づかぬふりをしてくれる）、あげくはボトックス注射で肌をテカテカにする。

時間への勝ち目のない戦いに果敢に挑む男女は、他人から見ると沈みかけた船の割れ目を必死にふさぐような悲壮感に満ちている。年齢差があればあるほど、目に見える努力が必要になって、〝ムッシュ気取り〟はさらに目も当てられなくなる。

でも、本当に人目を引くのはむしろ妻のほう。といっても、美しいからじゃない。彼女のしぐさや口調、不満げな反応、何気ない言葉に込められた非難が、年月と共にもはや抑えようともしなくなったいら立ちをあらわにするから。この結婚は、彼には誇りを、彼女には充足感を、周囲には羨望を与えてくれるはずだった。それなのにいまや、彼には失望、周囲には同情、そして彼女には、よくて一種の優しさ、悪ければ打算的な執着だけをもたらしてしまった。

白状するわ。年をとった男性が若い妻に見放されるのを見ると、ついつい「いい気味だ」と思ってしまう。もしもその男性が、以前に50代の妻を捨てているならば、なおさらね！

女性のほうが年上の場合

前のケースとは反対に、年下のパートナーは女性を本当に若くしてくれる。生活のリズム、服装、話し方、笑い方、黙り方、そしてベッド……。ベッドは二人を結んでくれる。セックスは情熱的で、肌はみずみずしく、筋肉の動きは敏捷《びんしょう》……。でもこれが当たり前になった頃、事態は複雑になっていく。

彼との社会生活は簡単ではないし、心はいつも休まらない。〝ムッシュ情熱〟の友人は彼同様に若く、彼らが連れてくるフィアンセはさらに若い。そこでしばらく経つと、友人たちとの付き合いが減ってくる。夫の両親とはもっと会わなくなる。

そんなとき大切なのは、自信を持つこと。そうすれば、たとえうまくいかない時期があっても、二人で生きる楽しみをきっと見つけられる。愛する人に去られるつらさを甘く見ないで。特に、自分が若くないせいだとしたら、心の痛みは耐え難いはずだから。

ところで私は「クーガー(cougar)」(＊ピューマの別名)という言葉が大嫌い。理由の一つは、arのつく単語――conard(ばか)とかsalopard(げす)とかcrevard(弱虫)――は、嫌な男たちを連想させるから。でも、何よりも、「ミドルエイジでお金があって、ずっと年下の男性を愛人にする女性」を「クーガー女」と呼ぶ女性蔑視の風潮が許せない。だったらどうして、若い女性を愛人にするオジサンを「クーガー男」と呼ばないの？「クーガー女」と言われる女性は、リスクを承知で責任を引き受ける、勇気あるヒロインなのに！

でも奇妙なことに、先日の大統領選以来、巷ではこの言葉は聞かれなくなった。まるで、〈ある人物〉の好みに合わないせいで社会から追放されたかのように……。我らがファースト・レディは、欲望やカップルや愛に「ノーマルな形」は存在しないと身をもって証明し、タブーを打ち破ってくれた。おかげで女性たちは前ほど年齢を気にしなくなり、こんな究極の脅し文句さえ現れた。「私を不幸にするなら、あなたと別れて、24歳年下のフランス大統領とつきあうわよ」と。

当然ながら、仲良くなって愛し合い、いい関係をずっと続けるには、パートナーが同世代であるのが理想的。どちらかが相手の付属品になるんじゃなく、二人がともに主役になれるから。でも、私たちと同世代で、しかもフリーの男性は、名札をつけて通りを走っているわけじゃなく、むしろ岩の下に隠れてる。50代独身女性にとっての問題は、釣り上げやすいのが、年下か、もしくは情熱に欠ける年上の男性になってしまうこと。同世代の男性は、すでに他人に取られているか、さもなくばパートナーには適さない人が多い。

あまり言いたくはないけれど、私と同世代の男性には、元気のない人が多すぎ！　少しでも働きすぎたりケアを怠ったりすると、あっという間に〝くたびれてみすぼらしく〟なってしまう。彼らが恐れるのは、髪の毛がなくなることとお腹が出ること。お腹は髪の毛ほど目立たないけれど、むしろこちらのほうがぎょっとする。

男性と比べて、50代の女性はえてして容姿を若く保っていることが多い。これは、いろいろな手段を使って、年齢が刻んだ傷跡をうまく修復しているおかげ。一方男性は、男の沽券《こけん》にかかわると思うのか、美容の分野には手を出したがらない。

もしも50代の女性が、同世代のフリーの男性に出会えたならば、とてもラッキー。さらに運がよければ、その彼は心に傷もなく新しい出会いを待っている。そうでなければ、蒸し器（メタボの彼に、蒸し野菜を食べさせるため）と櫛《くし》（必要がないことに気づいていないふりをするため）を買ってあげるといい。

そして50代の男性は、何もできない男では困るし、背筋はぴんと伸びていて、仕事は高収入の専門職であることが必要。でも、そんな男性だったら、若くて見かけだけはかわいい女の子を連れて歩きたいと思うはずよね。ほら、そうなったでしょう？

辛抱して。彼は戻ってくる。きっと戻ってくるから。

風の強いある日、彼は再び市場に現れる。経験して強くなり、破局して冷静になり、別の人生を歩もうとしている。分別を備え、都会の虚飾を捨て、かけひきのない優しい生活を望んでいるその彼を、別の女性がうまく釣り上げる。

飼いならされた年齢、分類された年齢、無視された年齢、撲滅《ぼくめつ》された年齢！

いろいろあったけれど、いまは、年齢なんてたいしたことじゃないと受け入れている。あとは自分以外の人を説得するだけ。そう、たった一人を説得できればいいのだから。

それを待つ間、未熟な50代の若き女性は、大きな変化に向き合い、キャリアプランを大幅に修正しなくてはいけない。「彼」と出会うことによって得られるはずの新たなバランスについて、心を落ち着けて考えるために。

Cinquante ans
et à nouveau célibataire

50代で再び独りになる

Chapter 2

—

“成功は長くは続かず、失敗は致命的ではない。
大切なのは続ける勇気だ”

—— チャーチル

あなたはこれまで、人生における重大な選択をいくつもしてきた。子どもを持つか持たないか。離婚するかしないか……。

シーズン1は幸せだった？　それならよかった。でも過去はどうあれ、あなたのカードはいま、50歳で切り直された。ここからはシーズン2のスタート。そしてここで忘れてほしくないのは、シーズン2にだって、1以上のチャンスがあるってこと。

ただその前に、少しゆっくりとリラックスする時間を持ちましょう。そして好きなことをしてみて。少々不作法なこととか、軽い浮気。つまり、ちょっと羽目をはずす。「あとで後悔しそう……」と思うかもしれないけれど、こうした経験はきっと何かの手がかりになるはずだから。

独りでいることと、50代だということ。どちらも珍しくないけれど、この二つが組み合わさったとたん、心理的に厳しくなってくる。50代は、人生のほかのどの時期よりも、独りでいるのが難しい年代。特に、シングルになったのが最近ならばなおさら。長い時間をかけてつくり上げた生活をがらりと変えるなんて、そんなこと簡単にできるはずもない。ふんわりとした土を少しずつ積み重ね、踏み固めてつくり上げた土台を、いちから掘り起こして新しい土に入れ替えるようなものだから。それには相当な忍耐が必要になる。

30代なら、そうやって何かを一気に変えることも楽しい。でも50代だったら？　プラスの方向――広い部屋に移るとか、寝心地のよいベッドに替えるとか、給料の上がる転職をするとか――ならばいいかもしれない。でも、望んでいないのに独りになって、独りぼっちで朝食をとり、頭をもたれかけさせてくれる肩もないまま眠りにつき、別れた夫の友人たちとも会えなくなるなんて、これはまさしく拷問。

でも、頑張って顔を上げてみて。はるかな地平線を見やってほしい。そうすれば、きっと自由と平穏が待っているのがわかるから。

もっとも、何も見たくないなら、それももちろんあなたの自由。でも、そうすると……。

苦悩の日々

あなたがいままで幸せな家庭を築いていたとしたら？　失ったのは、夫の愛だけじゃない。夫の家族にとっても、あなたはもう好ましい存在ではなくなっている。少し前までは、そこにはちゃんとあなたの居場所があったのに。いまや新しい「女主人」がそこをとりしきる。

子どもがまだ10代ならば、さらにつらい現実が待っている。彼らはバカンスに父親の実家に行きたがる。大きな家にはいとこも犬も猫も、そしておじいちゃんおばあちゃんもいるのだもの。あなたは一人残され、暗い闇へと沈んでいく。

ずっと前から独りだった女性ならばいいのだけれど。だって彼女はいつだって、前向きに攻めるか安心面を重視するかを鑑《かんが》みつつ（まるで投資商品をすすめる銀行員の営業トーク！）愛の泉を泳ぎながら、長年の愛人とも会い続けるのだもの。

こんな恋愛ができるのは、楽天的で、タフで、我慢強い女性だけ。でも愛を決定的に失った女性たちは、どうなるの？

愛をあきらめる。そして……

愛が終わるとき、人は苦しんで深く傷つき、もろくなる。そして、ようやく立ち直った頃、ある女性たちはこう思う。「これからは何があっても、どんな人が現れても、絶対に心を動かしたりしない。愛もときめきも、もう遠い昔の話よ。誰かを自分のものにしようとしてジタバタするなんて何の意味もないわ。また誰かを好きになるなんてありえない！」と。

こうして、挫折した50代の女性は、冷静に決断し、愛する力を切り捨てる。愛という概念をなくしてしまえば、不幸も近づかない。人を愛したりしなければ、人生だってシンプルになる。そう、恋愛よ、去れ！ 愛よ、退《しりぞ》け！ この先、愛を捧げる相手は一人だけ、それを受けるのにふさわしいただ一人の人物、つまり私！ 愛は自分のためだけに取っておくわ！

この決意を守るには、どうしたらいいの？ 恋のキューピッドに道でばったり会ってしまったら？ そこで、私が思いついた効果的な方法を教えるわね（ただし、試したことはないけれど）。

それは、儀式を行うこと。まず、愛をふきんで包んできゅっと結び、その包みごと、庭に穴を掘って埋める。そして、その上に小石を並べて、〈愛ここに眠れり〉と刻んだ十字架を立てる。こうして愛を葬ってしまえば、ほかのことに気持ちが向くはず（たぶん）。

とにかく、いろいろなことをやってみるのがおすすめ。プライベートでも仕事でもいいから、何かの計画を立てる、講習を受ける、本を書く、製本技術を学ぶ、ブログを始める、古典を読む（あるいは読み直す）、ラテン語を勉強し直す、日曜大工を始める、片足に弾力性のあるロープをつけてスカイダイビングをする……。

でも、何よりも大切なのは生きること！

これまでになかった、そして、一度きりの50代を生きる。
悩まず、待たず、期待せずに……生きる。
これこそがいま、この瞬間、あなたがしたいと思っていることでしょう？

猫を飼うのはいかが？

“魔法のランプよ、どうかお願い！　猫を飼いたくなりませんように！”

猫は人間にとって、特に女性にとって、とてもよい相棒。いいえ、ある年齢以上では、状況次第でそれ以上の存在になる。支えてくれる友人、熱心な聞き手、静かな相対主義者、日常生活のパートナー、親切な話し相手……。

夫や恋人より、猫と暮らしたいと思うこともよくあった。猫は何も要求しないし、すべてに満足しているように見えるから。そのうえ、猫は安心と優しさを運んでくれる。

猫はいつもかまってもらいたがる。いいえ、愛してもらいたがる。だからこちらも惜しみなく愛を注ぐ。一人暮らしならばなおさら。競争相手のいない猫は、このときとばかりにあなたの愛のかけらを拾い集め、あなたの人生のなかに、居間の中に、そして心の中に住み着く。

50代になろうというときだった。ある愛のゲームが終わりを告げた頃、突然娘が連れてきた小さな毛の塊《かたまり》に心を奪われた。当時の娘は、思春期の混乱の中にいて、奔放すぎる生活を送っていた。そこから母親の目をそらせるには猫を飼えばいいなんて、いったいいつ思いついたの？ もしも、「猫、欲しい？」と聞かれていたら「冗談じゃないわ！」と叫んでいたはずなのに。でも、首に赤いリボンを巻いた生後3週間の子猫が娘の腕に抱かれているのを見た瞬間、私はとろけ落ちた。

プピーが我が家に来てから、私は機嫌がよくなった（最高に、かもしれない）。プピーはどこにでもついてくる。私のそばから離れず、家具にすっぽり収まり、ただそこにいる。甘えられたり、ざらざらした舌でうなじをなめられたりするとまさに天にも昇るような心地になる。お礼は、キャットフード少々とトイレの砂だけ。

ときどき、あふれんばかりの情が重たくなって優しくそっと（機嫌が悪いときはぐいっと手荒に）押しやるけれど、猫は決して恨まない。1秒後には忘れているみたい。少し経つと、何事もなかったようにまたしのび寄ってくる。

一方で、この猫には「オス」だという小さな欠点があった。爪を研ぐので、家具が傷だらけになってしまったのだ。それに、しょっちゅうビロードのクッションにそそうをしては、私にほほ笑みかける、ように見えた。どうしたらいい？　猫から男らしさを奪うのは悲しい。けれども、毎日繰り返される不都合な現実を前に、考えられる手立ては去勢手術だけだった。結果、プピーからは尊大さが消えた。穏やかになった猫は、以前にも増していとおしい。おかげで、ディプティック（＊パリのフレグランスメゾン）のアロマキャンドルもおけるし、私の居場所も傷つかないから。

破局のとき

運命に打ちのめされると、誰もが嘆き悲しむ。でもそのスタイルは人それぞれ。ある人は、少しの間だけひっそりと孤独をかみしめ、その後はあっさり忘れる。別の人は死ぬまで傷を背負って、会話のたびに持ち出す。まるで根絶不能のウイルスが頭の中に住みついたみたいに、強迫観念が消えることはない。

恋人に去られた親友を、どうやって慰める？

「恋人と別れたぐらいで、どうしてそんなに深刻になるの？　前向きに考えましょうよ。彼は去っていった、それはわかったわ。でも、あなたを捨てたわけじゃない。自由にしてくれたのよ」

思い出して。かつてあなたが嘆き悲しんでいたとき、友だちが辛抱強く話を聞いてくれたこと。そして、「前向きに考えなさいよ。自由になれたんだから」と言われ、彼女の顔をひっぱたきたくなったことを。

今度は彼女の番。彼女は不幸な夫婦生活についてあれこれ話し続けている。彼女は首まで水に浸かりながら、なんとかはい上がろうとした。それなのに彼はさっさと梯子《はしご》を上って行ってしまった。しかも卑劣なことに、彼は長い間、彼女を裏切っていた（実はこのことは皆が知っている）。彼は迷い、ついに去った……。

何て言えばいい？　何て答える？　何をしてあげればいいの？

最初はとにかく怒ってみせて。「嘘でしょう⁉　彼がそんなことするなんて！　信じられない！」と憤慨《ふんがい》しよう（実はあまり驚いていなくても）。そうしながら、過去が映る鏡を見るように、あなたの頭には当時の記憶がよみがえる。あのとき、いまでは名前も忘れてしまった男のことで、どれだけ彼女に話を聞いてもらった？　どれだけ時間を使わせた？

いまさらながら有難く、同時に申し訳なく思う。だから、今度は私がしてあげる番。彼女の話を最後までじっくり聞く。あのときの彼女のように、共感しているふりをして。

まず、少しでも彼女の気持ちをなだめるために、思いつくままに常識的ななぐさめを口にしてみよう。もちろん、まったく無駄だということは百も承知。なにしろ目の前には厚く高い壁がそびえ立ち、どんな言葉もはね返すのだもの。忠告も分析も、何一つ役に立たない。彼女は耳を傾けない。特に自分の気持ちにフィットしないことに対しては。

そこであなたは聞き役になり、前向きな態度を装っていろいろ提案してみる。積極的に何かをしてみたら？　人に会ったり、スポーツをしたり。それとも、マッサージや、出会い系サイトに登録する、呼吸法をする、瞑想する……。そうだ、夜の街で声をかけてくる誰だかわからない男と寝てみるのは？　この最後の思いつきは効果がありそうだけれど、彼女の答えはきっと（当然だけれど）「絶対にNO！」のはず。

こうしてあなたは、彼女のためによかれと思うことをあれこれやってみる（無理はしないで。どうせすべて無駄だから）。ただし、注意してほしいことが一つある。事実だけを話すこと。やってはいけないのは、評価する、あおる、想像する、結論を引き出す、拡大解釈する、本題から外れる……。彼女を感情的にさせずに、気持ちを落ち着かせるのが大切。そして、彼の悪口は絶対に言わないように。なぜなら、完全に別れるまで、二人はたぶん何度かベッドを共にするだろうから。

彼女はそれをあなたには打ち明けたりしない。だから、あなたもそんなことは思ってもいないふりをする。彼女はあなたのアドバイスなんてまったく聞かず、自分がやりたいことしかしない。どうして？　と思うなら、自分のことを思い出して。あなたは彼女のアドバイスを聞いたかしら？

それではここで、私からのアドバイスを。〈他人のもめごとにかかわってはいけない。感情的もしくは性的衝動は、いつだって好意よりも重いから〉。

こうして、すでに飽和状態の市場に、また一人ライバルが増える。

愚痴《ぐち》を言うかわりにできること

ベッドを独り占めする、寝る前に髪にオイルを塗る、靴下に保湿クリームをすり込む、子ども抜きで週末を過ごす、どんなダイエットでも落とせなかった体重が数キログラム減る、靴を脱いで食事する……。長かった共同生活が終わると、こんなにも多くの可能性が、あなたの前に開かれる！

　さあ、悲しむのはやめて、いらないものを捨て、新しいことを始め、いいところを見て人生に感謝を。私たちは言葉やアドバイスで助け合うのだ。

悲しみを自然に飲み込んでくれるものがあるのを知ってる？　そう、パイナップルが悪玉コレステロールを吸収してくれるみたいに。サン・ジュリアン・ワインを飲みながら、それについて話すのもいいかも。それから本を読むのも役に立つ。たとえひとときでも、読書は苦しみをやわらげてくれる。

では、どんな本がいいかと言うと、選択肢は二つ。一つは、悲惨な話を読んで、「世の中には私よりも不幸な人がたくさんいるのね。ふられたくらいで嘆いていてはいけないわ」と思う方法。テーマは屈辱的な別れ、解雇、大切な人との永遠の別れ……。要するに、不幸に見舞われた人たちの体験談を読んで、自分は生きていられるだけで幸せだと思えたら成功。

そしてもう一つは、反対に、楽しく前向きな本。コメディー映画を観るのもいい。笑いが楽しい気分を振りまいてくれる。

どちらを選ぶかはお好み次第。でも、私だったら、二番目がおすすめ。

誇りを失わないで！

愛が終わるときも、慎みを忘れたくない。男性（＋社会的地位）を失うまいとしてなりふりかまわずふるまう女性を見るとびっくりしてしまう。報われることもあるだろうけど、それにどれだけの価値が？　争いは、愛を消し去ることはなくても、決して強くはしてくれない。いっそう不安定にするだけ。

だから、捨てられた女性たちにはこう言いたい。「あきらめて」と。たとえ、こんなに早く妻の座を失うと思ってはいなかったとしても、予告もなく、慰謝料ももらえなかったとしても、ぐっとこらえて、恨みも憎しみも一切顔に出さず、エレガントに別れてほしい。いまはつらくても、それが唯一の出口だから。そして、周りを見ながら、慎重に未来に向かって進むの。大切なのは、耐えるのではなく行動すること。ほほ笑みも絶やさずに。ひきつった笑顔では相手がおびえてしまう。だから超然として、上品に、彼の幸せを願ってあげて。そうすれば、ほら、悲しみと折り合いをつけられる。

ライバルを憎むのもやめよう。歯並びが悪い、斜視だ、頭が悪い、過去があるなどと彼女を貶《おとし》めても、あなたの価値は上がらない。それに、もしも彼女にそんな欠点があるならば、彼がすぐに気づくはず。まあ、気づかないかもしれないけど……。
さあ、つらさに耐え、毅然として旅立とう。インドに行くならば、ケーララ州でアーユルヴェーダを体験できる。チャクラが開くから、戻ってくるときには（戻ってこなくても）きっと別人になっている。
そして、ある日、
彼に狙いを定めて、
引き金に指をおく、
体を震わせることもなく。

独り暮らしの50代、その心の内

50代で独り暮らしになったなら、新しい孤独をよく生きるだけ。こうなると思っていなかった人たちは、年をとってからの独り身に欠点ばかりを見つけ出す。長所に気づくのは、ずっとあとになってから。

聞きたがり屋がいたら、大きな声で高らかにこう言おう。独り暮らしは素晴らしい！と。

「何よりも自由で気分がいいわ。新しく買ったベッドと生活を、四六時中誰かと分け合いたいなんて、もう何があっても思わない。絶対に嫌よ！」と言ったあとで、こう付け加える。「そう、もうたくさんなのよ！」と。

たいていの場合、これは嘘。どうして？ こんなにも激賞される自由の裏には、ひそかな願いが隠されているから。軽蔑《けいべつ》していると見せかけながら、本当はあなたが欲しくてたまらないもの、それは、二人の生活、二人で借りるアパルトマン、二人で使う洗濯かご、二人あての招待状……。そんなもの金輪際《こんりんざい》欲しくないわ、と言い切れる？ 言えたとしたら、それはたぶん「ポーズ」。

なぜならこの先、気になる男性に出会ったら、きっとあなたは気が滅入りそうな日曜日の夕方、一皿のパスタと一杯のシャルドネのワインを彼と分け合うだろうから。あのときふきんに包んで埋めた深く傷ついた心を、どうしていま、掘り起こさないの？

それこそが愛（Amour）！

実は誰もが、愛をまだ持っていない誰もが、愛を探している。愛とは最も大切なもの。だから、大文字で書こう。

ところで、こう言うと必ず口をはさむ人がいる。「あら、健康のほうが大切よ」と。でも、違う。テレビの医療ドラマシリーズと、まったく詩的ではない臓器を語ったベストセラー（＊ジュリア・エンダース著『おしゃべりな腸』サンマーク出版）を除けば、文学も映画も健康より愛を語る。
少し美しくしたり、少し強くしたり、少し死なせたりするのは、たいていの場合、愛。愛は原因で、よくても悪くても健康は結果。それで、この愛はどんな色？

求愛モードの50代とふられる季節

愛の色は多彩

「愛のゲーム」に同じものはなく、それぞれの色で彩られている。そして私たちの小さな心は数々の経験を重ね、たいした教訓も学ばずに無意味な傷を負いながら、さまざまな色合いに慣れていく。

愛の色は多彩だけれど、年齢ごとに傾向がある。50代の人たちは、雨の日も虹の日も経験しているので、濡らした指を空にかざすだけで、気温がちょうどいいか、風が逆に吹いたりうずまいたりしていないかがわかる。それに、私たちの心を彩っているのが情熱的な原色か、それとも、誤った道へとつながる長く暗いトンネルの色かもすぐわかる。

何かが起きたとき、切り抜けることができた？ ルールを知ったいま、もっとうまくできる？ 障害にはどう立ち向かう？ 単調さや裏切り、変わりたいという願望には？

解決策はただ一人の「いい男」を見つけること。

もしくは、何人かの「いい男」を見つけること。「いい男」たちを。

ちょうどいいときに。

さまざまな愛が塗られた大きなパレットがある。長い期間にわたって和解し、寄り添ってきた、柔らかな愛。距離が近すぎてうとまれた愛。逆にプラトニックで距離が縮まらず、飽きてしまった愛。喧嘩ばかりで気持ちが休まらずノイローゼになった愛。傲慢《ごうまん》で無関心な愛。傷つけられながらも別れられない愛。セックスがダイエットになる愛。年金のポイントが貯まるのでお得な愛。子ども時代の復讐《ふくしゅう》のために傷つける愛。過去の過ちを思い出させるノスタルジックな愛。遊びやお金のための愛。距離のある、もったいぶった束《つか》の間の愛。寂しい愛。陽気な愛。ある年齢を過ぎるとあまり体験できない一晩だけの愛。いなくなった人のために「ずっと」とってある愛。始まったばかりで素晴らしく心地よい愛。終わりかけていて苦くつらい愛。会ったこともない人に恋する愛。身近な人との愛。狂おしい愛。優しい愛。そう、一つとして同じ愛はない。

いい男はどこ？　ショップで探せばいいの？

気持ちがひどく落ち込むと、こんな計算をしてしまう。

男たちが泳ぐ生け簀《す》から、〈結婚している男性、若い女の子と再婚している男性、男が好きな男性、離婚して完全に冷めてしまった男性、宗教にはまっている男性、母親しか愛せない男性、不能になって、それを知られたくない男性、トランスジェンダーだとわかった男性〉を引いたら、〈感じがよくて、独身の50代の若き女性たちのための男性〉は何人残る？

足りないならば、盗まなくてはいけない？　ほかのカップルの破局を願う？　魔法を習うべき？　それとも、一番いいのは孤独のままでいること？

独りの大晦日《おおみそか》

12月31日は、独り身のわびしさを思い知らされる日。あなたは知り合いが誰もいないパーティに招待された。そして、エレベーターの中で早くも後悔。脚が1・2メートルもありそうな美女と乗り合わせたから。美女はジビエの手作りテリーヌを持参していた。しかも、そのジビエは、彼女が住む城の領地で、彼女自身が仕留めたものだとか。もしもパーティに「ちょっといい男性」がまぎれ込んでいても、仕留めるのはきっと彼女。チャンピオンズ・リーグを勝ち抜くのが彼女だとしたら、あなたはまちがいなく最下位。けれども、最大の試練はカウントダウン。この瞬間、あなたは具体的に、自分が独りだと実感させられる。

5、4、3、2、1――

新年おめでとう！

カップルたちが抱き合って新年を祝い合うこの数分間はまさに地獄。あなたは抱く相手のいない両手をだらりとさげて、床に穴があったら入りたい、ついでに二度と出てきたくないと思っている。こうして新年は幸先《さいさき》悪く始まった。目の前では、お城の美女がいきいきと踊っている。スタイルのよさを際立たせる、超ミニのスカート。自分が美しいことを知っていて、とても楽しそう。男たちは皆、彼女を見ている。そしてあなたは？　大丈夫、見られる心配はない。床の下に入ったままだから……。

こうした経験から、私は長い間、12月31日の夜はベッドから出ないことにしていた。このパーティは、みんなで楽しく過ごすどころか、失望を呼び起こす。周りはカップルだらけなのに、どうして私は独りぼっちなの？

でもそれも考え方次第！　悲しみを抑えることはできなくても、おしゃれしてほほ笑むことはできるはず。そうやって自分のいいイメージをつくることが、前向きな解決策になる。それぐらいならできるでしょ？　だから、体重をキープし、ファッションやヘアスタイルに気を配り、歯を磨き、ほほ笑みを絶やさず、どんな誘いも断らず、恋人がいるように思わせ、そして、実際に恋人をつくろう。

ところで、50代の独身女性の中でも、特に自己顕示欲の強い人たちは、「恋人」の数を水増しして自慢する。これがとっても面白い。だって、30代の頃は、「密かなお楽しみ」をうまく隠していなかった？　盛んに遊んでいたくせに、人には知られないようにふるまっていたはず。いまはそれが逆。たぶん彼女たちは、口で言うほどのことはしていない。でも、それでＯＫ。大切なのは、マウントをとろうというその姿勢。そこにこそ意味がある。

戦闘モードに入る

さあ、あなたの「恋人探し」のスタート。エンジンをかけ、パッシングを始めたのがすべての男性から見えるはず（ついでに言うと、すべての女性からも見えている）。でも、年をとったせいで男を見る目も厳しくなって、許せる範囲がひどく狭くなっている。何かをあきらめることはできる？ そう、いくらか譲歩をしなくちゃいけないことはわかっているのね。じゃあ、どこまで許せる？ 容姿は人並みでなくてはだめ？ 子どもの数は重要？ 銀行口座がマイナスだったら？ 好きになれない癖があったら？ セックスがよくなかったら？ 変態プレイを要求されたら？

ちょっとした癖とかささいな欠点ならば許せる。けれども、愛があっても我慢できないほどなら、やっぱりこう思うはず。「確かに男は欲しいわ。でも、誰でもいいわけじゃない。どんな男だっていいなんてことはないわ！」と。

とにかく、目をスキャナーにして、目の前で起こることを細大漏らさずキャッチして。そして、スイッチをオンにしたまま、時間をかけるの。考えてはだめ。評価するのもいけない。言いたいことがあっても口には出さず、寛大になる努力を。

こんなアドバイスをしているけれど、自分のこととなるとまるでだめ。精神科医がうつ病になったり、教師の子どもが落第したりするのと同じ。猫と共有しているベッドにもぐり込み、いつまでもくよくよと同じことを考えてしまう。でも、楽しまなくちゃ！

そこで、がばっと起き上がり、ギアを変えて、戦闘モードに入ろうと心に決める。勝負服に着替えて、出会いの手段を模索する。とにかく、大晦日に猫と二人きりで過ごすなんて絶対に嫌だもの。

「そうよ、もう、絶対に嫌！」とクリネックスのティッシュで鼻をかみながら、猫に言ってみる。

こうして失意の時期は過ぎ去り、かわりにふられまくりの季節が始まる。

あせらず、くじけず

レストランで、美形（見た目はとっても大切）の男性と知り合ったことがある。彼はカウンター席に座って一人で食事をしていて、その横に、私が女友だちと一緒に座った。会話を始めるのに絶好のシチュエーション！　まず、ほほ笑みを交わし、それから連絡先を交換。あとで知ったけれど、その時点では彼には恋人がいた。でも2か月後、フリーになるとすぐに電話が。

スタートは月並みだった。美術展に行って、食事をして、そしてお泊まり。翌朝、セカンドギアが入った。さらに翌日、まるでクラッチにつながずにサードギアを入れたみたいな気がした。つまり、少し速すぎるということ。このまま猛スピードで関係がつくられてしまっていいの？　もっとゆっくり進めたかった。そんなに急ぐ必要が私にはなかったから。でも、加速する車を止めるのも怖い。こんなに時間をかけて、やっと素敵な王子様に巡り会えたのに、魔法が解けてしまったらどうしよう？

結局、すぐにお別れすることになったのは、ほんの一言がきっかけだった。彼はセーヌ北側の17区で、屋根裏部屋に住んでいた。だから、二人の「お楽しみ」には使えない。そして、私たちの「恋」が始まって3日目、夕方の6時半に彼が電話をかけてきて、とても明るくこう言った。「シェリ、パンを買ったんだ。家で会わないか？」

問題その一。彼は私を「シェリ」と呼んだ。結婚していたときも、私は最後まで、この呼び方が嫌いだったのに。問題その二。この素敵な王子様は、食事をするために私の家に押しかけようとしている。パンを持ってくるというのは、前菜を用意してほしいということ？　そうならば、自然な流れでメインディッシュもデザートも、となってしまうのが目に見えている。

そして最後の問題が、「家で」会うというその発想。

「家で？　誰の家？」

「だから……家って、君《きみ》の家だよ！」

一瞬の沈黙。孤独。疑問。好奇心。方向づけのまちがい……。

フリーの男性にはどれだけ多くのタイプがあるのだろう？　いったい何人に会えば最初からいいテンポで付き合える男性に巡り会える？　このテンポというのは、知り合って、惹《ひ》かれ合って、よく考えて、ちょっと距離をとる……。つまり、相手について最小限のことを知るのにかける時間。お互いが、高まっていく欲望にゆっくりと身を任せる時間のこと。

自立している女性が犯しやすい失敗は、いとも簡単に男性をベッドに導き入れてしまうこと。特に、抗うつ剤と猫だけを慰《なぐさ》めにする毎日を送っていると、愛と引き替えにあなたの資産を共有しようとする男に引っかかるリスクが高くなる。そうなったら、いくらも経たないうちに、彼と一緒にイケアでカートを押している。これは本当の悪夢！


ある男友だちは才能あふれるセレブだったけれど、抗うつ剤のせいで、出会って2週間の女性と結婚してしまった。財産狙いなのは明らかで、誰もが唖然とし、すべての女性が打ちのめされ、新婦一人が有頂天。そしてある日、服薬をやめた彼が見たのは、妻の気難しい性格、自分とはつり合わない無教養、妻が家具と一緒に持ち込んだ二人の幼子、そして妻の妊娠！　こうなってしまってはもはや後戻りは難しい。その抗うつ剤をつくった製薬会社を訴えたらどうかと、私は本気で思ったものだ。

このように、過ちは当たり前なので、心配しなくて大丈夫。誰もが通る道。失敗するたびに疑惑と不信が募《つの》るけれど、くじけてはだめ。売れ残っている男性は希望に合わないと嘆くうちに、知らずとあなたも移り気になっていく。でも、これも必要なこと。

「いい男」は、とっくの昔に人のものになっている。これは、認めなくてはいけない現実。だから、ひどくみっともない女性たちが、優しく魅力的な夫を手に入れて、わざと人前でいちゃつく姿を見て、どうしてこんなに優しい男性たちが意地の悪い女につかまって、結婚したとたんに邪険にされたりするの？　と思ったりする。それはたぶん、彼女たちが彼らに目をつけ、身を投げ出し、互いの精神的ゆがみをうまくかみ合わせることができたから。ほら、よくいるでしょう、どの写真を見ても写っている女。そう、そのタイプ！　ずうずうしくて、注目されるのが好きで、自信があって、そして、「いい男」以外に目もくれない。

心理学的にいうならば、こういう女性になるのは、育った家庭の父親に問題があったから。そして男性のほうは、母親に問題があったから。

求める基準を見直すべき？　希望に合う男性がほとんどいないとわかってくると、譲れないはずの一線がどんどん低くなる。

そこで私からのアドバイスは、「ハードルは高く、守備範囲を広く」。

女同士のつきあい

独身生活はあまりに自由なので不安にもなるけれど、ひどくわがままにもなっていく。だから、友だちはとても大切。女性だけで集まって愚痴を言い合い、お酒を飲んで、打ち明け話をする。いまの悩みは、30代の頃の悩みとどれだけ変わった？　ほとんど変わっていない。

「男性らしさが、女性らしさと相容れないのよ。だからもうすぐ、男と女の間で戦争が起こるわ」と断言するのはヴィルジーニ。54歳で二児の母、5年前から男嫌いになっている。「戦争？」「そうよ。男は私たちの敵。喧嘩をするにしろ、別れるにしろね」。「どういうこと？　ねえ、ヴィルジーニの話を聞いていると暗くなるわ。みんな、そう思わない？」「周りを見てみなさいよ。男なんてどこにいる？　一人もいないじゃないの」とヴィルジーニは譲らない。

でも、安心して。この「戦争」という考えは、彼女が、求めていた男性を見つけたときに捨て去られた。ある日、ヴィルジーニは姿を消した。戦いに勝ったのかどうかはわからない。でもとにかく、彼女は平和と恋人を見つけた。

悲劇をもたらす男 その1

独りでいる期間が長くなりすぎた。不幸ではないけれども、やっぱり独り。出会いが欲しいなら出かけなくては、と私は考えた。パーティか食事に出かけて探してみようか？でも、招待されたいならば、まずはこちらが招かなくては。

そのくらい簡単、ということで、招待状を書くことにした。その日を空けておいてと頼み、「各自がワインを一本持ってくること。連れて来たい人がいたら、誰でもOKよ」と書いて、最後に♡。よし、送信！

さて、当然、その中にお目当ての人がいた。背が高くて、髪の毛がなくて口べただけれど、大好きになった人。彼は、南仏に住んでいるドミニク（＊男女どちらにも使える名前）という友人がパリに来るので、連れて行っていいかと聞いてきた。

「もちろんよ。なんでも好きなものを持ってきて。私はタルトを作るわ」と私。

「タルト？」彼が聞き返す。

「ええ、得意なの」。私は自慢げに答えた。

このときは、自分がどれだけ打ちのめされるかなんて知るよしもなかった。

招待客は約20名。準備が調った時、インターフォンが鳴った。彼だ。彼が一番乗りだった。いいえ、「彼ら」が。ドアを開けた私は、たっぷり2秒間、頭をフル回転させた。〈えっと、このきれいな女の人は誰？　そうか、エレベーターの中で一緒になったのね。それで、まちがえてついてきちゃったんだわ……〉けれども二人はそろって私にほほ笑みかけた。そして彼はワインを、彼女は握手のために手を差し出した。

ドミニクは褐色の髪の美女で、生まれたのは私が15歳のとき。ニースで麻酔医として働いているという。3分間でこれだけ聞いた私はすっかり落ち込んだ。いくら美しくても、中身がおばかさんだったらこれほどつらくはなかった。そうでなくても、せめてニース訛りがひどいとか……。でも、ドミニクは素晴らしかった。

こわばった顔に笑顔をビスで打ち付けて（もはや痛みも感じない）、私はひたすら飲み続けた。若い娘を選ぶのは彼の権利よ、と自分に言い聞かせる。初恋の相手ってわけじゃないし、男はほかにもいるわ……。でも、その晩、ずっと二人が踊る姿を見ながら、弱々しくほほ笑んで、「これじゃあ勝負にならないわ」と結論づけたのも私の権利。優しい気持ちになるのは難しかった。彼女って、ちょっと野暮ったくない？　それに、香水が強すぎるし、日焼けしすぎているし、たばこの臭いを巻き散らしながら歩いてるわ……。

でも、これって嫉妬しているだけ？

男友だちがやってきて、耳もとでささやいた。

「彼、かかりつけの麻酔医に眠らされちゃってるな」

うまいせりふだろ、と言いたげな顔つきに、私は憤然《ふんぜん》と言い返した。

「彼女のどこが私より勝ってるっていうの？」

「そんなところはないよ。年だって、15歳負けているしね」

私は荒れた。でも、状況は明らか。そして悟ったのは、物事は早く進むか、それともまったく起こらないかのどちらかだということ。

そしてパーティが終わると、ヌガーのように大きなマリファナを渡された。私はタルトには手をつけず、目についたお酒を手当たり次第に飲んでいた。そこに、この薬草がとどめを刺した。口から吐《と》しゃ物《ぶつ》がほとばしり、水平の軌道を描いて居間の壁に達し、跳ね返って、酔いつぶれて残っていた女性客にかかった。


このパーティの打撃から立ち直るのに3日かかった。ベッドに横たわって身じろぎもせず、目だけを電話の液晶画面に注ぐ。お礼のメッセージが次々と流れたが、そのどれもが同情をにじませていた。どうして？「夜の女王」と言われた私が、男たちをもて遊んでいたはずの私が、どうしてこんな惨《みじ》めな思いをするの？

彼から電話がかかってきた。

私は出なかった。言い訳を聞く気分にはなれなかったから。

でも、結局我慢できずにメッセージを聞いた。そこには「とても楽しいパーティをどうもありがとう！」と吹き込まれていた。


若さという身分証明書を失った私は、次の三つに賭けることにした。気まぐれ（才気、軽やかさ、喜び、自虐……）とエレガンス（服装、外見、髪形……）、そしてライバルの失敗。

あの南仏の美女だって何かに欠けているかもしれない。そもそも、彼女にユーモアのセンスはあるの？　これは彼にとっては譲歩できない要素のはず。男性は誰でも判断基準を持っていて、好みに応じてその平均点を出す。彼みたいに、冗談一つ言うのにも言葉を選ぶほど優しくて、いつもうつっぽく見える男性にとって、ユーモアは内面の深刻さを救うためにも絶対に必要な生きるための知恵。

彼のすべてが好きだった。でも、思いはかなわず、そのことに私は深く傷ついた。いつも思うのだけれど、若くて美しい女性ほど、自分の欠点が許されると思ってしまう。でも50代になったときには、それが致命傷になりかねない。あざとさや気まぐれは、はつらつとしたほほ笑みに似合うものだ。男性も同様で、若くて美しいと、無教養でも優しくなくても、ユーモアに欠けていても、とてもケチでも、履歴書が空白で預金がゼロでも、すべて許されてしまう。これが年齢の代償の法則。

この頃、ひどく傷ついた自我を早急に修復する必要にかられて、近くの精神科に予約を入れた。医師は「サイン」を出すようにとすすめてくれた。タルト・パーティの失敗は忘れて、自分がフリーであることを、もっと積極的に周囲の男性にアピールすべきだと。私はそれを実行した。

悲劇をもたらす男　その2

私の出したサインに最初に気づいたのは、エドワールだった。若くて美形で、頭が切れるところが好みだったけれど、ちょっと自己中心的な人にも思えた。出会ったのは、ある食事会。その終わりに、私はちょっと品がないほど大胆に踊ってみせた。ほほ笑みとダンスを私の「サイン」にしようと考えたのだ。効果はてきめん。2日後、教えていなかったはずの番号に電話があった。

彼は面白くて、気前のいい人だった。週末に、私を素敵なところに連れて行きたい、と彼は熱心に誘ってくれた。イタリアのロマンティックな村がいくつか候補に挙がったけれども、なかなか決められない。ある日、イタリアに住んでいたという彼の友人に会ったので、私は遠慮がちにコモ湖はどうかしらと言ってみた。どの湖もそうだけれど、私にとっては、愛の極みを表す場所だったから。するとその友人は、とても退屈なところなので、アツアツのカップルにしかすすめられないとのこと。このとき、エドワールが即座にこう言った。「じゃあ、急がないといけないな」と。

こういう冗談を言う人が好きかと聞かれたら、いまはきっと「あまり好きじゃない」と答える。苦い思いをさせられたから。でもそのときは、自分の気持ちを隠してしまった。いま思えば、彼は意図せずに本音を漏らしていたわけだけど。

本当は、ここできっぱり別れるべきだった。でも、こうした侮辱的な発言（実はこのときだけじゃなかった！）をするたびに、彼はうっとりするほど、自分を魅力的に見せるのだ。アメとムチの使い分けが、とても上手な人だった。そして、気持ちが冷めたかと思うとまたすぐに魅せられて、の繰り返しで3か月が過ぎ、いよいよ週末の旅行先が決まろうかというとき、彼は突然消えた。影も形もそっくりなくなった。

英語では、この現象を新しいテクノロジーにからめて「ゴースティング」と呼ぶ。ある日突然、その人はあなたのレーダーから消える。携帯に電話しても出ない。むこうからもかかってこない。あなたは驚いて「?」だけを送る。それでも返事が来ないので、本当の終わりなのだと悟る。卑怯だけれども有効なやり方。やられた側は不愉快どころか、トラウマになる。泣きながら抱き合うこともなく、涙ぐみながらの別れの食事もなく、「君は本当に素晴らしい人だ」と言ったとたんにスパゲティ・ボンゴレがお皿ごと飛んできてスーツを汚すこともなく、「君は僕にはもったいない」と「僕たちの関係を平凡なものにしたくない」をセットで言うこともない。「もうあまり好きじゃなくなった」なんて下手な言い訳や、「あまり気分がよくなくてね」というわかりにくい説明もない。

何もない。

スマートフォンがこう告げるだけ。「通信はブロックされました」。

ずっとあとになって、エドワールからメールが届いた。「元気?」と。普通に解釈するならば、「僕はあまり元気じゃない。話がしたいんだ」。でも、この男のことだから、「いつセックスできる?」という意味に解釈すべき。欲求不満と孤独の重さを感じていたなら、「元気よ。あなたは?」と返事をしていたかもしれない。でも、そうしたら、短くて不安定でつらい関係に再び引きずり込まれることになる。もう一度、あんな思いをする覚悟はある?　自分にこう聞くまでもなく、メールをすぐに削除し、ごみ箱も空にした。

さあ、元気を出して!

50代の若き女性とつきあうメリット

私の個人的・直感的な統計に照らし合わせて考えると、私たち、つまり50代になったばかりの独身女性は、たくさんの長所を持っている。数々の試練に耐えてきた自分を励ますためにも、50代の若き女性にどれほど価値があるかを挙げてみたい。一般論にしているけれど、中には個人的な話もアリ。

子ども

すでに子どもを産んでいる。運がよければ、その子どもは大きくなっている。もっと運がよければ、家から出ている。そのうえ、「経済的に自立」してくれていたなら、言うことなし。

子どもの存在が経済的な負担にならないとわかっていれば、安心できる。それは、彼らが健康だという証《あかし》でもあるから。精神分析ではこう言って私たちの罪悪感を軽減してくれる。〈子どもの自己実現は、両親と距離をとることによって可能になり、精神の構築には、不和や対立が必ず必要〉と。でも、それとは関係なく、私たちは子どもに会いたくて、週末には家に来て食事をしてほしいと願っているけれど。

ただし、これが当てはまるのは、子どもを授かったのが〈法的に平均的で正常とみなされる〉年齢、つまり30歳前後だった場合だけ。時代が変化して、いまでは、40代になっても「子どもを産むのはもっと年をとってからにしよう」と思えるし、実際、産むこともできる。おかげで、15年後に「50代の若き女性」になる女性たちの将来設計も大きく変わった。ニューヨークでは、35歳を過ぎた独身女性が、2万ドルかけて卵子を冷凍保存する。生物時計にしがみつかなくて済むようにするため、そして焦らずにじっくりと「ただ一人の男性」を探すため。倫理的には議論を呼ぶかもしれないけれど、これは近い将来、私たちにもかかわってくる。ちょっと想像してみて。60代の女性が、冷凍した卵子を片手に、パートナーに言う。「私たちの遺伝子を持った子どもをつくりましょうよ」と。明日にでも、60代が新しい30代になるかもしれない。そうならないと断言できる人なんている？ここで、医療研究者の方々にぜひお願いしたい。冷凍卵子の有効期限を厳重に決めてほしい。どんなことでもする人がさっと出てくるから。

「こんにちは、お名前は？　あら、その坊やは？　弟さん？」

「いいえ、祖母の息子です！」

仕事

職業についてては、もう勝負はついている。いまは誰とも競っていないし、武器は、それを必要としている人に譲った。自分のキャリアの頂上に達した現在、ここまで来るのに必要だったストレスの固まりも手放した。野心を遂げたのだから、もう野心家でいる必要はない。でも、オフィスで隣に座っている30代の女性が、「デジタルに強い」という理由で自分と同じ給与で採用されたと知ったら、やっぱり自信がゆらぐ。不公平に感じてイライラしても当然。

もしかするとあなたはガラスの天井にぶち当たり、それ以上進むことができずに、よどんだ仕事の中にとどまっているかもしれない。給与も職場の人間関係も動かず変わらないままに。いいえ、それとも、あなたはそのガラスを打ち破った女性かもしれない。いつだって、あなたのような優秀な女性を進ませまいとして、スタンドガンを構えて立ちはだかる連中がいる。退職に追い込もうとするやつもいる。

でも、あなたはこう叫ぶ。「さあ、来るがいいわ!」と。強いあなたは決して負けない。

お金

50代女性は、住む家と貯金を持っていて、経済的に余裕がある。必要なものは持っているお金で賄《まかな》えるので、男性にとっては負担が少ない。特に、前の「金庫番」に骨の髄《ずい》までしぼりとられた男性にとっては、「お得」なことはまちがいなし。

それから、私たちの名誉のために言っておくと、50代の若き女性たちの「メンテナンス」（アメリカ人がアパートや配偶者に対して使う言葉）は、30歳間近の女性と比べたら安いはず。だから、ケチな人や、浪費家の女性にこりごりした経験のある男性には、とってもおすすめ。

経験

二人で暮らすことの大変さは経験済み。多少の教訓も得ている。ささいな問題が起きても修復できるなら、年月を共にしていけるということ。もちろん、結果の保証はできないし、アフターサービスもない。分かち合えない習慣もたくさんあるはず。でも、互いの習慣を認め合えるならば、大丈夫。

うまくいかないとか、飽きてしまうとか、あるいは別の人に出会ってしまうといったリスクは常にある。もしも彼がそうなったら、と思うと恐ろしい。愛する人と暮らすというのは、去られる覚悟をすること。つらくもあるけれど、いろいろ経験するうちに、出会った時点で先の予測がつくようになる。

理想の男性を求めて

いまの私たちは自分のことがとても大切。ふられたからといって、気力や肌や体重にまでダメージを受けたくない。ますます貴重になっていく時間を無駄にしないためにも、人生を——少なくともその一部を——共にしようとする候補者にはどんなタイプを求めるのか、行動を起こす前に決めておこう。

16歳のとき、私の理想の男性は、パウダースノーや水の上をウェーデルン（＊連続小回りターン）で滑る人だった。水上スキーでものすごく大きな水しぶきを上げたり、マクシム・ル・フォレスティエの〝サン・フランシスコ〟をギターで弾けたりできればもっとよかった。20歳では、クラシックの音楽家か、型破りな政治家に憧れた。25歳になると、高等師範学校で古典文学を学んだ人かプロゴルファー。そういう人ならば、物ごとを学ばせてくれて、本を読むことを教えてくれて、あらゆる知識を吸収させてくれるように思えたから。

30歳では、しっかりしたキャリア・プランを持っていて、ギラギラした野望をできる限り控えめに語り、私が父親の態度に憤慨《ふんがい》しているときに、とやかく言わずに受け入れてくれる人がよくなった。35歳のときは、むしろ面白い話で周囲を楽しませる人が好ましく、40歳では、名人でなくてはいけなくなった。何の名人？　さあ、当ててみて！

料理？　いいえ。

ウエーデルン？　いいえ。

答えは「出口の見えないもの」。

そして50代のいま、私たちが夢見る男性は？　50代の若き女性にとっての理想の男性はどんな人？

理想の男性は別れた相手

二人の関係はずっと昔にごく平凡に終わりを告げた。彼の思い出の中にいるのは、若くてしなやかだった頃のあなた。あなたたちは互いをよく知っているし、好き合っていて、うまくいくことも知っている。うまくいかなかった原因があったとしても、過去のこと。

だったらどうして彼にしないの？　彼とだったら時間を節約できる。まずは、ときどきランチに誘ってみよう。連絡を絶やさないようにするのは、様子をうかがうため。はっきり言えば、いまのパートナーとうまくいっているかどうかを探るため。そしてぼんやりとではあっても、可能性があるように思えたら、それを頭のどこかにとどめておいて。傷ついたときの心のよりどころになってくれるはず。

別れた相手は、見えないけれどもそこにいる。それを知っていれば安心できる。ある年齢を過ぎると、初めての関係をつくるのが難しくなる。新しいことがだんだんできなくなっていく。でも、焼け木杭《ぼっくい》に火をつけるなら……。

理想の男性は同世代

これまで見てきたように、年をとると、同世代の男性を探し出すのは意外と難しい。世代が同じという メリットは、黙っていても理解できること、同じ世界に所属していること、過去の事件に関して感情を共有できること。ピンク・フロイドのアルバム『原子心母』の中の一曲を一緒に歌えること。アンシャン・レジームを知っていて、同じ革命を生き抜いたこと。ボールを激しく打ち合い、コーナーにスマッシュを打ち込んで、ボールが一回バウンドしたら、もうそれで十分。再び打ち合おう。暗黙の了解という名のボールを。

これは健康面でも同じこと。同世代のカップルは、エネルギーのストックが同じなので、同じように疲れやすくなり、同じように体力が落ち、リウマチにかかり、歯が欠け、耳が遠くなり、記憶の壁が崩壊する予兆に見舞われる。だから、お互いに相手を気遣えるし、慎みのない言葉を使われても腹が立たない。たとえば結腸鏡検査、脱毛症、前立腺、歯科インプラント……。違う世代の相手には、決して使ってはいけない言葉。

理想の男性は優しい人

「優しさ」が大流行で、「好ましい性格リスト」でも上位に挙がるこの時代、50代の若き女性にとっても、理想の男性は「優しい人」。かつては「弱さ」とみなされていた(男性方には覚えがあるはず)ものが、いまでは高貴な輝きを放つ。それでは、狙った相手がこの長所を備えているかどうかを確かめるには? ためらわずに、ただしこっそりと、彼の恋愛遍歴を調べよう。これまで付き合った女性たちとどんな別れ方をしているだろう?

人の意見を聞くと、最初の印象が変わることもある。ただし、忠告マニアや泥棒猫にはご用心。理想の男性が通りを歩いていたら、必ずそのそばを、ライバルたちが捕獲用の網を片手にうろついているものだから。

理想の男性は魅力的

彼はものすごく美形ではないけれども、あなたの目にはそう見える。これまで見てきた美点をすべて持っているわけではなくてもかまわない。あなたは彼を好きになった。そのとたん、これまでは絶対に譲れないと思っていたことがどうでもよくなる。それでもやはり、彼が女性たちとどんな別れ方をしてきたのかを調べたほうがいい。魅力的な人がいい人だとは限らない。あまりに魅力的な男性は避けたほうがいいことがある。

理想の男性はＳＮＳでは見つからない

彼がＳＮＳで見つからなければ、彼はナルシストで、自分だけを愛しているということ。もしかすると内気なだけかもしれない。一番いいのは、政治活動もやっていないし、何かを売る必要もないから、フェイスブックもインスタグラムもツイッターもしていないというケース。そしてリンクトイン（＊世界最大のビジネス特化SNS）にも登録していないのは、お客も仕事も探すつもりはないから。その理由は、第一に、すでに仕事に就いている、第二に、自分の年では（あなたと同い年なので）、リンクトインで仕事を見つけるのは無理だとわかっている。

理想の男性はトラブルを解決済み

理想の男性は離婚している。それまでの人生は、過ぎたこと、体験したこと、消化されたこととして、地下室のどこかに片付けられている。ただし、裁判が長引いて、生活費の分担がまだ決まっていないのは最悪のケース。

彼は、同じ女性とずっと暮らしてきた。もしも別れがくる場合は、日々の疲れと妻の気難しさが原因になるだろうと考えていた。ところが、結婚生活に嫌気がさした妻は、ある日、出会ったばかりのトーゴ出身のメカニシャンと家を出た。ひとたび驚きが去ると、彼は、自分も妻との生活にうんざりしていたことに気づいてほっとする。一番よくないのは、破綻した結婚が恨みを倍増させながら長引くことだから。

理想の男性は、元妻とはいまも〝友人〟として親しい。離婚にまつわる条件は、街角のビストロでおいしいワインを飲みながら、そこにあった紙ナプキンに、共同で雇った弁護士が提示した額を万年筆でサラサラと書きつけるだけ。長い争いと複雑な計算ほど下品なものはない。理想の男性は相手が誰でも争いを好まない。ましてや相手が別れた妻とあっては、争うどころか、計算もできないふりをする。

理想の男性には、もう子どもがいる。運がよければ、もう大きい。もっと運がよければ、独立している。でも、世話しなくてはいけない子どもがいたなら、それもラッキー。なぜなら、第一に、理想の男性の子どもならば親に似て、優しくて賢くて魅力的で幸せでしっかりしているから。第二に、夏にデニムのショートパンツをはいて、麦わら帽子をかぶり、鼻にクリームをつけて、理想の男性と腕を組み、子どもたちを連れて歩いたら、きっとあなたの子どもだと思われるから。つまり、あなたが若く見られる!

理想の男性は寡夫《かふ》

妻をなくした男性をターゲットにしようなんて、思ったこともなかった。私たちには良識はなくてもエレガンスがあるから。でも、ある友人と話していてふと考えた。「そういう選択もあるかも?」と。

55歳のロランスは、3年前から独り暮らしをしている。彼女の夫は25年間の結婚生活を捨てて、突然、家を出た。末の子が大学を卒業した翌日だった。それからずっと、夫は30代のウクライナ女性と暮らしている。だから、ロランスにとっては死んだも同然、いいえ、もっと悪い。死んだのなら年金がもらえたのに、とロランスは半ば本気で言った。

やがて、子どもたちも家を出た。さあ、新しい相手を見つけるときだわ、と彼女は思った。まずは知り合いをひととおりあたってみたが成果はなく、そこでマッチングサイトに登録した。最初は楽しかった。それから失望し、何度も傷つけられた。出会ったのは、結婚など考えたこともない永遠の独身男、離婚に決着をつけない男、別れた妻といまも寝ている男……。「私たちが買い物をしようとしている『市場』に将来性はないわ!」と力説していたロランスは、突然、こう叫んだ。「いるじゃない! フリーで、前の奥さんとは二度と会わない男性! 奥さんと死別した人よ!」と。

寡夫はレアなので、とても人気がある。「理想の男性コンテスト」をやったら、優勝はできなくてもその次くらいにくるはず。寡夫には有利な条件がたくさんある。フリーだし、扶養すべき妻もいない。いいえ、逆に亡妻の遺産――生命保険とかアパルトマンとか家とか――を相続している。運がよければ、子どもはもう大きい。もっと運がよければ、故人は、長くてつらい闘病生活を送ったわけではなく、いつでも誰にでも起こるようなことが原因で、ある日、苦痛もなくふいに旅立っている。

ただし、気をつけたいのは、寡夫を狙えるのは、喪が明けてから社会的に復活するまでの限られた期間だけだということ。そこを逃したらもう遅い。絶対、ほかの誰かに取られてしまう。

愁《うれ》いを帯びた寡夫、苦しみから立ち直りつつある寡夫。彼が背負っているのは、あなたが戦うことのできないもの、そう、思い出。最初の頃は、我慢しなくてはいけない。でも、彼との関係が安定した頃、もういない人の存在感がちょっと強すぎると感じたなら、彼女の痕跡《こんせき》を消してもいい時期が来たということ。

たとえば、あなたの新しい彼が、暖炉の上のよく見えるところに神秘的な骨壺を置いていたならば？　それをどかすことを考えるべき。でも、どうやって？　家具の移動ならば簡単だし、キッチンの壁を塗り変えるのもやればできる。シャンデリアや彼が「前の人」とイランで買ってきた絨毯を処分するのだって、勝手にLe Bon Coin（＊個人売買のサイト）に出品して、彼にはあとで「すごくいいお値段で売れたの！」と報告すればいい。でも、暖炉の上の骨壺を売りさばくのは難しい。競売やeBay（＊世界最大級のオークションサイト）にすずめの涙ほどの価格で出したとしたら？　商品説明はどう書く？〈骨壺。新品同様。

中身はほとんど空。1ユーロ、送料別。シンプルで現代的なデザインで、どんなお部屋にも合います。値段は交渉可〉……。いいえ、彼の意見を聞かずに「彼女」をもう一度逝かせるのはフェアじゃない。地下室に下ろすのも同じこと……。

精神面でも性的な面でも、回復期で一番大切なのは、彼がどんなやり方で立ち直りたいのかを理解すること。多少強引にされても一気に変わりたいのか、それともじっくり時間をかけたいのか。可能性という川に網目が細かい網を投げ、うまく引き上げられるかどうかは、あなた次第。

ただし、こうしたアドバイスが有効なのは、寡夫が50代から60代前半の場合だけ。70代や80代になれば寡夫も増えるけれど、あまり惹かれないので、ターゲットにしたいとは思わない（50代の若き女性にとっては、という意味での話）。

ところで、寡夫にはどこで会えるの？　ロランスは、配偶者を亡くした人々を精神的に支援する会があると知って、入会した。彼女の場合、死別したわけではないけれど、細かいことは言わずに、夫を「失った」とだけ話したらしい。だって、本当のことだから。初めて参加した集会で、ロランスは「喪失感にとらわれたままではなく、なるべく早く新しい楽しみや人生を見つけたい。そして新しいパートナーにも出会いたい」と発言した。すると、その場の誰もが彼女に同意し、前向きな気持ちをほめてくれたという。

何度目かの集会で、彼女は寡夫になったばかりのとても優しくセクシーな男性に巡り会う。そこで、ある日、帰りがけに「軽く飲んでいきませんか」と声をかけた。二人はそれからずっと幸せに暮らしている。これがおとぎ話だったなら、「そして、子どももたくさん生まれました」となるけれど、彼女たちのお話はこう結ばれた。「そして、子どもはすでにたくさんいるのでした」。

さて、あの悲惨な「タルト・パーティ」から数週間経った頃、私の前にも素敵な寡夫が現れた！　経歴は申し分なく、見た目もよくて、個性的な職業に就き、ノルマンディーの城に住み、誰に対してもフレンドリーで、履歴書は長すぎてツイッターに上げられないほどだった。出身校はたった一文字なのだけど（＊通称〝X〟の超エリート校、理工科学校の卒業生だという意味）。観察したところ、つけいる隙は、わずかながらもあるように思われた。それならば、あとは片目を閉じ、もう片方の目をしっかり開けて、距離を合わせたら、矢をつがえて弓を引くだけ。

でも、彼はあまり大胆なタイプには見えなかった。もしかしたら、あまり興味がない？　だったら、私から仕掛けるべき？　けれども、私は古めかしいしつけを受けた内気な〝女の子〟。リードは男性がするものと教わった。だから私からは動かない。

もっとも、このやり方が成功してきたわけではないとわかっている。図々しいだけの男にしょっちゅうつかまって、時間をかければ付き合えたはずの人、もっと好きになれたはずの人を逃すことがよくあったから。でも、損すると知っていても、50代になっていまさらやり方は変えられない。とにかく、自分から踏み出すくらいなら死んだほうがいい。だから、当然のように待つだけだった。

彼が、大晦日を一緒に過ごそうと誘ってくれた。優しくて心が広くて内気な私は、とてもきれいで恋人のいない友だちに、一緒にいかがと声をかけた。「どうしてそんなことしたのよ!?」とあとになって人から散々言われたけれど、理由なんて自分でもわからない。

そのパーティで、彼女は完璧なスタイルを披露した。セクシーで優雅で、すべてが計算された、まさに芸術作品。何も言うことはなかった。でも、彼女もきっと壁にぶちあたると、私は内心ほくそ笑んでいた。翌日、彼女が電話をかけてきて、お礼を言いたいので彼の連絡先を教えてほしいと言ったときも、まだそう思っていた。だから数か月後、彼女からお城で開かれるパーティの招待状が届いたとき、どれだけびっくりしたことか。そこには、生涯を共にし、彼女を幸せにしてくれる男性を紹介してくれたことへの感謝の言葉が熱くつづられていた。

彼らはいまも一緒に暮らしている。でも、友だちから寡夫を盗むなんて、やっぱりそれは泥棒よ……。

このエピソードから私が学んだ教訓は？　待つべきか、それとも仕掛けるべきか？

ここまで人生を生きてきても、答えが一つかどうかはわからない。

でも、私の答えはもちろん、「待つ」。

理想の男性はあなたより劣った男性？

年齢と美しさと身長と社会的地位と銀行口座。この方程式の答えから、どちらが優位に立つかがわかる。でも、ちょっと乱暴に言うけれど、年寄りで貧乏でみっともない男性は権威を持っていないし、この先も絶対に持たない。セックスがものすごく上手ならば話は別だけど。でも、この能力も年をとるにつれて弱まっていく。カップルの間では、若いほうのパートナー、あるいは社会的な地位が高いほうのパートナーが決定権を持つ。そうならないのは、母親に溺愛されたとか虐待されたとかで、精神的にゆがみがある場合。こうした家庭で育った男性は、自分が夫になると、似たような関係をつくってしまう。これは性別が逆でも同じこと。だから、もしも私が男性だったら、父親を崇拝《すうはい》しきっていたり、嫌悪していたりする女性には、絶対用心するつもり。

ところで、もしも「自分よりも劣った人」を選んでおけば、捨てられる可能性が少ないと思っているなら、それは大きなまちがい。私の経験からも断言できるけれど、相手が劣っているからといって安心はできない。たとえばあなたは、彼と比べて、自分のほうがずっと勝《まさ》っていると考えている。その「劣っている」はずの人が、ある日突然去って行ったなら？　別れそのもののつらさと、優しいだけで何もできない男に捨てられた屈辱とで、二重のショックを味わうことになる。だから、冗談を言うときでも、自分よりレベルの高い人を選ぶこと。つまりあなたより若くて、背が高くて、とにかくすべてが勝っている人。そうすれば、周囲からは尊敬され、次の相手も同じレベルになる。

長い間、私はそうとは見せずに、理想の男性を求めてさまよってきた。でも、見つからなかった。出会ったフリーの独身男性は誰一人、私みたいなごくシンプルな女性が求めるごく基本的な条件——優しさ、敬意、礼儀、経済力——を満たしていなかった。近道をしたり、急な車線変更をしたり、行き止まったり、道をまちがえたり、前の結婚にこだわっていたり、若すぎたり、メンタルが弱っていたり、とにかくそんな人ばかり。まじめで、落ち着いていて、「ノーマル」で、恋人にできそうな人は、一人としていなかった。

だから、私はこの現実を受け止めた。「いい人か誰もいないか、どちらかだ」。

50代で愛を探すときのちょっとしたアドバイス

既婚男性は避けよう

友だちの夫を借りたまま、返したくなくなるのはよくある話。でも、それは泥棒だから、やっぱりよくない。友だちをなくすのはもちろんのこと、きっと罰があたる。もしかすると来世では変なものに生まれ変わってしまうかもしれない。

個人的にいうと、私は既婚者には絶対に時間を割《さ》かない。もしもその男性が妻とずっと会っていなくて、すべてに決着がついているならば別だけど。既婚者との恋愛は、始まる前も終わったあとも苦しいだけ。夢中になっている最中は楽しくても、結局は深く傷つく危険なゲーム。長く続けると、自分を憎むことにもなりかねない。たとえうまくいっているようでも、その喜びはいっときだけのもの。男は意気地《いくじ》がないので、もめごとを解決したり、気持ちを整理したりしたがらない。自分だけが楽ならいいと思っている。いくら辛抱しても報われるかどうかはわからないし、罪悪感が高じて病気になることもある。だか

ら、そんなむなしいことはやめて、別のものに目を向けよう。

既婚者を避けるのはとても簡単。最初から見なければ済むこと。既婚者の周りにはバリアが張られていて、どうやっても近づけないと思っていればいい。

既婚男性はいつも同じせりふを言うけれど、絶対に信用してはだめ。

「妻とはまったくセックスしていない」↓嘘

「妻は浮気をしている」↓嘘

「君に会うまでは、妻を裏切ったことはない」↓嘘

「妻とはわかり合えない」↓半分嘘

「妻とは別れるつもりだ」↓嘘

もう少し付け加えると、

〈既婚男性はしばしば、最後になって約束を破る〉↓本当

〈その理由は、あなたに告げたものとは違う〉↓本当

既婚男性との恋愛は、彼の妻に知られたその日に終わる可能性がある。しかもあなたの家に銃弾が撃ち込まれるかもしれない。なぜなら秘密をかぎつけて疑惑を深め、ついに夫

に白状させたなら、その瞬間から妻にとって最大の使命は夫をつなぎ止めることになるから。夫にとって大切なのは、愛人を引き止めることだけれども。

ある友だちは、既婚男性の手くだにはまってしまい、知らぬうちに、彼の妻の憎悪を浴びていた。ある晩、彼女が帰宅すると、階段の踊り場に一人の女が座り込んでいる。その目に輝く、大ナタとナイフとピストルを合わせたくらいに凶暴な怒りを見たとき、相手が誰だかわかった。おののき、震える声で彼女は尋ねた。「何の用でしょう? ここで何をしているんですか?」。すると、踏みにじられた妻は、有無を言わせぬ口調で言った。「この先、一度でも夫に会ったら、殺す!」。

愛人とは熱烈に愛し合っていたけれど、殺されてしまっては割に合わない。

彼女は即刻、彼と別れた。

別れの直後に、次の人を探さない

ちょっと運がよければ、独りになってもすぐに、次の男性を手に入れられる。それはとても結構だけれど、少しは時間を置いたほうがいい。リバウンド・ガールにならないでほしいから。

リバウンド・ガールとは、体験したばかりのつらい別れを忘れるために、ラッキーと思えばすぐに飛びついて（実はアンラッキー）、結局、長続きしない恋愛を繰り返す女性のこと。目の前に壁が立ちはだかっているのに気づかず、超特急でぶつかってしまう。こういう女性ってよくいるもの。だからこそ、私はこうなりたくない。

それよりも、時期が来るのを待ったほうがいい。城壁の石落としの上に身を潜め、じっと銃を構えるスナイパーになる。そのうちに、きっといいことがやってくる。

うまくいくはずのない相手を見極める

まず、一度も結婚したことがなく、恋人とも長く続かない男性は避けたほうがいい。子どものいない男性やたくさんの女性を傷つけてきた男性も同じ。そういう男性は話題になって知られているので、周囲は距離を置いている。つきあいも挨拶程度で、一緒に飲みに行くなんてありえない。だから、疑わしいと思ったらグーグルで調べるか、インスタグラムのストーリーをじっくり読むか、フェイスブックで見つけた共通の友人（もしも一人も見つからなかったら、それこそ変な人だから！）に聞くか私立探偵に電話する。それでもわからなかったら、最後の手段で、彼の昔の恋人たちに確かめる。きっと教えてくれるはず。彼がいつも同じやり方で、女性をひっかけては捨ててきたことを。

私たちの年齢になると、変な男にかかわって時間を無駄にはできない。そういう男が増えているだけに、いい男がいると聞いたら、わき目もふらずまっしぐらに進むこと。「それじゃあ、ときめきがないわ」ですって？　確かにそのとおり。でも、私はすごいスピードで年をとっているから仕方がないの。だから、貴重な情報を教えてくれてどうもありがとう（前もってお礼を言っているのは、待ちきれなくてうずうずしている、傷つきやすく小さな私の心）。

不思議なのは、こうした「永遠の独身男」が、うまく恋愛ができないだの、自分の浮気な性格を残念に思っているだのと不平を言うこと。本当の愛に出会いたいなんて言われると、思わず笑ってしまいそう。だまされないように注意して。実際、私の友だちは、打ちのめされ、深く傷ついた。気をつけなさいとあれだけ忠告してあげたのに……。

それからもう一つのゆがんだタイプが、最近、大流行のモラル・ハラスメンター。いまの時代が大量生産している、いわゆるモラハラ男。私たち50代の強みは、こういう人間とかかわった経験があること。その網に捕らわれ、恐怖を味わったからこそ、このタイプは会えばわかる。モラハラ男とのゆがんだ関係は水ぼうそうに似ている。かかるのは人生に一度きり。その後は免疫がつくられて、生涯にわたって二度とかかることはない。

それにしても、モラハラ男はどうしてこんなに増えたの？ SNSが、安易に自己愛を膨張させたから？ 過保護の母親にゆがんだ愛を注がれて、「王様」になったから？ モラハラ男の特徴は、根拠のない批判をする、人の話を遮《さえぎ》る、私たちの前で、きれいな女性を大げさにほめる、別れた恋人がどんなに素敵だったかをしつこく話す……。こうした兆《ちょう》候《こう》がどれか一つでもあったら、すぐに逃げ出して！ 服従を拒否すると、どんな危険な目に遭わされるかわからない。同じ話の繰り返し、いけにえ、つくり話、悪意、非難、嫌がらせ……。自分は何一つ悪くないと思っているのが、モラハラ男。時間をかけて、パートナーの人格を破壊する。

彼にとっての「友だち」は近くを通っただけの道具。絶対に親しくつきあうことはない。獲物を巧みにとらえて、自分の利益だけを考え、他者を壊すのを楽しむ。モラハラはウイルス。根治できないウイルス。男性にも女性にも同じように感染する。

いまやモラハラが一般化したせいで、奇妙な現象が起きている。ごく普通の女性が、自分のパートナーを典型的なモラハラ男と思い込み、それを理由に離婚を請求するというものだ。家族法を専門にしている弁護士の話では、相談に来る女性の半分が、モラハラに関する専門書のコピーを持参するらしい。そして、その記事を論拠に、慰謝料金額を上げるように要求するという。

注意したいのは、「いい人に巡り会いたい！」という思いが強すぎると、相手が魅力的に見えてきて、我慢できないはずの欠点も許せてしまうこと。ついつい判断力が鈍《にぶ》ってパートナーとしてありえない人間を近づけてしまうことがあるので、気をつけて。

ここで思い出すのが、素敵に見えたある男性のこと。私の希望する条件のほぼすべてをクリアしていた。フリー、企業経営者、美形、ちょうどいいくらい年下、別れたパートナーと暮らす子ども、丁寧でとても気持ちのよいセックス……。美術や文学に関する教養がないことには目をつぶろう、と私は決めた。完璧は望めないからと、手のつけられない無知さ加減も見逃した。「補い合うことが、恋愛を成功させる秘訣。似すぎていたら飽きてしまうわ」と自分を納得させていた。そもそも私は、「違っているほうがよくわかり合える」というばかげた信念を持っていたせいで、変な人とかかわり合うことがよくあった。中には、ひどすぎる人もいたものだ。

それはさておき、ある日、私たちは車で食事に出かけた。運転するのは私。彼は1年間の免停をくらっていたから。ところで、私には、運転をしたくないと思う状況が二つある。一つは夜。これはよく見えないから。そしてもう一つは、助手席に男が黙って座り、イライラしながら右足で見えないブレーキを踏んでいるとき。この日、彼がいちいち運転に口をはさむので、極度のイライラを強いられた。最初は指図だった。「左車線を行って!」。それから皮肉っぽくなった。「本当に免許持ってるの?」。次は命令。「セカンドギア!」。さらに攻撃的になり、厳命になり、裁判官の下す判決のようになっていった。

まるで、銃で私に狙いを定め、引き金をいつ引こうかと楽しんでいるみたい。声はどんどん大きくなり、口調はどんどん早まる。すでに「元恋人」になりつつあった、この新しい恋人の吐く言葉はもはや侮辱でしかなかった。この男は頭がおかしいと、私は悟った。でも、頭のどこかに、そんなことはないと思いたがる部分もあった。結局、私が別れを決めたのは、そのあとも何度となく耐え難い屈辱《くつじょく》を味わってからだった。

過度のスポーツ好きには注意して

同じく用心すべきなのが、50代の「完璧な肉体」。板チョコのようなお腹、ギリシア彫刻を思わせるお尻、盛り上がる筋肉、波打つ胸、勝利を振りかざすようなV字体型。なんて恐ろしい! スポーツ界のスタハノフ運動(*ソビエト連邦時代の炭鉱で行われた生産性向上運動)の参加者とも呼ぶべき彼らは、単なる手入れの域を超えたナルシシズムを隠した肉体マニア。さらに様子を探ってみれば、運動してからきっかり20分後に、種や藻やプロテインを食べているはず。これで引き出しにクレアチン（＊筋トレサプリ）が入っていたら、もう逃げるしかない。

体のメンテナンスに熱心なのはいいけれど、過剰に凝《こ》るのは勘弁して！

恋愛状態のもたらす結果

若い頃は、恋をすると、ほかのことは何も見えなくなった。愛のためだと思えばどんなことでもできた。誰にでも覚えがあるはず。でも、いまはそれほど衝動《しょうどう》に駆《か》られることはなく、ずっと理性的になっている。地に足がついて、思慮分別《しりょふんべつ》もある。なぜなら、ちょっとでもエッジングを失敗したら、尻もちをついて斜面を転げ落ちるとわかっているから。50代になるとすべり落ちるのも速い。

特に愛が始まるときと終わるときには、よい面でも悪い面でもさまざまな影響が表れる。マイナス面は、食生活の乱れ、集中力の欠如、売り上げ額の下落、抑えきれない欲求不満、そして頭の中で際限なく繰り返される妄想。プラス面は、急にやせること、優しい夢想、リビドーの高まり、オキシトシン（＊幸せホルモン）の沸騰、そしてこちらも、頭の中で際限なく繰り返される妄想……。私たちはブレーキもかけず、上りか下りかさえも知らずにこの坂を突き進む。

でも、実を言えば、50代の女性たちは、「愛とは何か」や「愛するとはどういうことか」を考えたいなんて全然思っていない。私たちが望むのは、ずっと愛し合える恋人を持つこと、そして気持ちが通じ合う楽しい時間を共に過ごすこと。

そこで、とても役に立つけれども、実行するのは難しいアドバイスを一つ。

「愛してくれない男性を好きになってはいけない」。

覚えておいて。あなたを愛していない男は、あなたに愛される資格はないことを。

以前、友人にこう打ち明けられたことがある。夢中になっていた男性の気持ちが冷めて、「もう、君の愛はいらない」と言われたと。こんなとき、いったいどうしたら立ち直れるのかと、いまもときどき考える。

でも、もし、愛や愛の解釈、愛の効果、こうしたすべてを分かち合える人に会えたなら、次のようにしてみて。

まず、目を閉じ、そして、開く。感情の高まりをよく感じよう。そして、私たちが意識せずに強く求めている三つの愛の大きな混じり合いに身を任せる。少しのエロス（性愛）と数滴のフィリア（友愛）と一片のアガペー（神の愛）を。

夢中になるときには、そう、少しだけ用心して。でも、くじけずに、愛する人を探してほしい。

本当に、見つけられる?

ええ、たぶん。

でも、いつ?

私には時間がないの!

理想をあまり高くしない

「もううんざりだわ、いい人が全然いないの!」とエリザがこぼす。「でも、いい人に出会えそうな場所で探しているんでしょう? 素敵な人はいないの?」。

エリザは50歳。モデルをしていたこともあるすごい美人で、見た目とファッションにこだわる。若い頃からちやほやされているのに、人生を共にする男性が見つからないと嘆いている。

そう言われても、最初はなぜだかわからなかった。世界中の50代女性の中から、何の悩みもなさそうな女性を一人だけ選べと言われたら、迷わず彼女にするくらい優雅で美しい人だから。

でもごく最近、いったいこれで何度目かという破局の話を聞かされ、いろいろ考えさせられた。

「いいなと思う人に会ったの。54歳で、見た目もよくて、魅力的。話も面白かった。いろいろ聞いたわ。離婚して子どもがいること、古書のコレクションや家庭菜園をしていること。飛行クラブでグライダーに乗っていて、移民キャンプでボランティア活動もしていて、卒業論文のテーマはジョルジュ・バタイユ。最近つくったアプリケーションをグーグルが買いたがっているとか……。この間の週末、オレロン島にある彼の家に誘われたの。とっても素敵なおうちだったわ」

「すごいじゃないの。それで？」

「夜は、友だちの家のディナーに行く予定だったの。それで、おしゃれをした彼を見たら、これがもう、ひどいのよ。靴はジェオックス（＊イタリアの機能シューズブランド）で、シャツはチェックの半袖！」

「あらあら、でも、まあ別にいいじゃない。たいしたことじゃないわよ」

「たいしたことじゃない？　ふざけないで。ものすごく大事なことよ！　彼にも言ったわ。『これからはそんなものを着ないで』って。なのに彼ったら『僕の友だちは気にしないよ』ですって。だからはっきり言ってやった。『あなたの友だちは気にしないかもしれない。でも、私は気にするの！』そうしたら、なんて言ったと思う？　私が高圧的すぎるって！　男なんてみんなこうよ。変えてあげよう、よくしてあげようと思ってしてあげているのに、喜ばない。だから、チェックのシャツと「呼吸する靴」（＊ジェオックスのブランドコンセプト。靴底に穴をあけて通気性をよくしている）のままでいるしかないんだわ！」

私から見ると、エリザは完璧主義にとらわれすぎている。そのせいで、いつもつまずく。彼女にぴったりの男性を見つけるのはあまりに難しい。だから、失敗するのが怖くて、最初からうまくいかないように自分で仕向けているのでは？　相手の中に、やっていけないところや我慢できないところばかりを見つけるので親しくなれないし、ましてや二人で何かを築くことなどできない。確かに彼は、服のセンスが悪かったかもしれない。でも、エリザを満足させるほどエレガントな男性なんてこの世に存在しないのに。それを彼女はわかっていない。

精神科医に相談したら、と言ってあげればよかった。

いいえ、忘れていた。エリザが精神科医だってことを。

準備ができてから飛び込む

ずっとずっとはるかな昔、小学校6年生のとき、マリ＝アンジュは私の同級生だった。それから長い時が経ち、私は結婚して二人の子どもを育てた。そして子どもたちも独立したあと、マリ＝アンジュと再会した。金髪で日焼けした彼女は、夫と別れたばかりだった。浮気者の夫は、33年間連れ添った妻を突然捨てたのだ。

こんな形での別れから立ち直るには、いったいどうしたらいい？　ある説では、回復するには、失った年月の倍の時間が必要だとか。それならマリ＝アンジュは、66年間も我慢しなくてはいけないけれど、それではちょっと長すぎる。だから、いまからでもいろいろなことを始めてみたら、と言ってみた。彼女もうなずいたものの、何をすればいいのかわからないと言う。彼女は一度も働いたことがない。完璧な家庭を築くことだけを考えて、自分のことは忘れていた。そして、その家庭が打ち砕かれたいま、何から始めればいいのかとまどっている。

でも、新しい出会いを求める気持ちははっきりしていた。そこで私は、マッチングサイトに登録してみたら、と提案した。友人おすすめのサイトならばビジターの質も高そうだし、プロフィールを書くなら手伝ってあげるわよ、と。

しばらくして、彼女は変身した。ファッションもヘアスタイルも生活も新しくなった。都会に引っ越し、テラスから街を見下ろせる素敵なアパルトマンに住んでいる。彼女はこう話す。

「これまで一度もしたことがないことをしているの。つまり、働いているってこと。お菓子やアイスクリームやチョコレートを売る仕事よ。人とかかわって、社会生活を送っているの。バーやレストランに一人で行くのも恥ずかしくなくなった。夜は本を読んでいる。特に自己啓発の本ね。それからテレビドラマも観る。自分を再発見したわ。『私は私』なんだって」

「すごいわ！　それで、マッチングサイトは？　収穫はあった？」

「全然。何もなかった。悲惨なものよ。たくさんの人に会ったけど、考えていることはみんな同じ。すぐにセックスしたいか、住む家が欲しいだけ。ほとんどの人が離婚していて、家は別れた奥さんにとられているの。だから、いま住んでいる狭いアパートを出たいのよ。部屋に呼ぶと、『君の部屋、いいね』って言うけれど、いまにも荷物を持って乗り込んでくるんじゃないかと思ったわ」

好意につけ込まれて居座られ、自分の時間を奪われるなんて考えただけでぞっとする。

夫にいきなり捨てられたトラウマから立ち直るには、自信を持つのが先決。男性を信じるのはそれができてからでいい。時間はかかるだろう。いつか癒されて怒りを昇華し、離婚を成立させたなら、彼女はきっと誰かに出会う。どんな人かはまだわからないけれど、いい人に。

精神分析医や占い師の世界

すべてがぐらついてしまったときには、何をつかむ？　誰を頼る？　猫や友だち以上に、悩める人たちの慰めになるものがある。信頼できるかどうか、効果があるかどうかはあやしいけれど。

どうやってこっそり精神分析医を見つけるか？

人生を共にする男性を見つけようとして必死になっているときが、生涯で一番つらかった。いつも精神的に不安定だった。すべてが私のせい、私には価値がない、何の役にも立たない、と思っていた。周りを見回して途方に暮れる。どうして私だけがとぼとぼ当てもなく歩いているの？　友だちも何も言ってくれない。助けてくれるのは誰？

　そこで思いついたのが、多くの人が一度は考えること、つまり「誰かに診てもらったほうがいいかしら？」。この「誰か」とは、自分をしっかり見つめる手助けをしてくれる人。恥ずかしくはなかった。でも、その「誰か」はどこにいる？　周囲には聞きづらかった。「いい精神分析医を知らない？」と聞いたらどうなる？　「どうして？　病気なの？」と聞き返されるに決まっている。

　だめ、やっぱり聞けない。そこで、ネットとお友だちになってこっそり調べたところ、近所に数軒のクリニックがあるとわかった。一番近いところは直線距離で267メートル。学歴やスタイルや態度で選ぶかわりに、地理的条件を重視することにした。この選択はとっても論理的。トンボラ（＊数合わせのゲーム）にだって数学的根拠があるのだもの。

「こちらを選ばれたのはどうしてですか？」と最初の診察でドクターXは聞いた。

「ネット検索です」

　これは失敗だったみたい。紹介ではないと知って、ドクターが気を悪くしたのがわかったから。

　こうして週二回の「面接」が出費の項目に加わって、私の生活レベルを二段階押し下げた。

心の状態をよくするためとはいえ、他人の前で泣くためにこれだけのお金を払うなんてばかげているのでは？　私の心に疑問が生じた。まるで、その人の前でゴミをぶちまけるために、誰かを雇っているみたい。それでも、友だちをうんざりさせるよりはましなの？

私が冗談を言うと、ドクターはほほ笑む。滑稽《こっけい》な体験をできるだけユーモラスに仕立てて話すと、声を上げて笑う。そして、もっと話すように促される。これではどっちがお金を払っているのかわからない。一回の面接で、笑わせたあとで泣かせたこともある。そのとき、面接の前半では、「服従」のカテゴリーからくる演習を行った。これは、認知行動療法で患者に提案するやり方。自分の長所を数え上げる、親しい友人に自分の長所を挙げてもらう、その1週間で楽しかったことを話す、マイナスの感情を説明する、大きくはっきりした声で自分をほめる……。

その日、ドクターは私に自信を持たせるために、「ノー」を言う練習をさせようとした。

ドクター「さあ、私に何か聞いてください。毅然とした態度をとる見本をお見せしますから」

私「わかりました。それでは言います。先生、ここは高すぎます。こんな法外な料金をもう払いたくありません。保険の払い戻しもありませんし、もうお金がないんです。そう思うと不安になって、面談の効果も上がりません。ですから値引きしてください」

ドクター「いいえ、それは無理です。これは通常の料金ですし、どの方も同じです。経費や賃料もかかりますし、税金も……」

私「はあ？　税金って何の税金ですか？　現金で払わせているじゃないですか。つまり申告していないってことですよね？　だから、国に隠れて節約している分を私にも分けてください。税務署には黙っていますから」

ドクターは笑ったけれども、まったく動じなかった（でも、この本が売れれば、ゆすることができるかも。私が毎週通った面接の報酬を申告していなかったことを口外しない見返りとして。あ、いいえ、そんなことをするつもりは……）。

そして後半は、一転して深刻に。私は、前の晩にテーブルの片隅で大急ぎで書いた自分の人物描写を読み始めた。この演習は、自分を描写し表現し、質問に答えることで、「自分は何者か」を考えるもの。私がつづったのは、子ども時代、思春期の吃音《きつおん》とそれが理由のいじめ、残酷な愛、機能不全な家族、若き日の軌跡、感情だけにとらわれていた日々……。なかでも多くの文章を費やしたのは、こうしたすべての記憶の中心にいる父についてだった。怒りと涙でつづられた文章は次第に途切れがちになり、突然終わった（鉛筆の芯が折れたから）。目を上げると、ドクターは鼻をすすり、ティッシュをとって目をぬぐっていた。「お話を聞いて、泣いてしまいました」。彼女は言った。「今日はこれで終わりにしましょう」。

その涙を見て、私は一瞬動揺した。医師であれば、もっと不幸な告白をたくさん聞いていると思っていたから。父は最低の部類の人間だけれど、私は拷問されたわけではなく、レイプされたことも地下室に閉じ込められたこともない。たぶん、このドクターはとても感じやすい人なのだと私は思った。

医師は診断を下す立場にいるので、冷静で、問題解決のカギを握り、私たちの不安を消してくれると思われがち。だから私たちも人には言えない期待を寄せて、すぐに元気を回復させてくれるだろう、それが無理でも、自分のことを理解する手助けはしてくれるはずだと考える。けれども、私の前で泣いている主治医は、もっと人間味を感じさせる存在だった。そして、その涙が、私の心に一つの疑念を呼び起こした。このドクターは、本当に私の期待に応えることができるの？　だって、私にとって一番大切なのは、生涯をともにする男性と出会うことなのだから。

どうやって精神分析医と離れるか？

精神分析医は、患者の感情を支配することでお金を儲けている。だから、患者と別れたがらない。でも、患者のほうはどう思っている？「はっきりノーを言いなさい」と教わったのだから、こう言ってもいいはず。「恋人ができました。ですからもうここには来ません」と。「何を言っているの？　関係ないじゃない」と言われそうだけど、関係は大あり。そもそも、そのために来ていたんだもの。

おずおずと申し出るか、それとも乱暴に立ち去るかは、ドクターには歯向かう力がどれだけあるかで決まる。でも、有効なやり方——これは冷めた愛を終わらせるのにも役立つ——は一つだけ。素早く、一気に、断固として、言い放つ。そう、スパッとこう言うのだ。「お伝えします！　ここにはもう来ません！」。

生半可《なまはんか》な気持ちでは、精神分析療法はやめられない。真剣勝負でなければドクターには太刀打ちできない。なにしろ相手は、泣いているあなたにクリネックスの箱を渡したあの日から、絶対的な支配者として君臨し、あなたが一緒に寝たい（ドクターが男性なら）とか親友になりたい（ドクターが女性なら）とかいった「転移」（＊精神分析で、患者が抱えている感情を治療者に向けること）を起こしても、巧みにかわして、優越感に浸ってきた人間なのだから。

それでもある日、あなたは、勢いにまかせてこう宣言する。「やめます……（ここで沈黙）。そうです、やめることに決めました」。医師は身じろぎもしない。そこであなたは仕方なく繰り返す。「やめます……。もう必要ないと思うので……。気分もよくなったので、もう来なくても大丈夫です」。さあ、診察用の椅子に、重さ1トンの沈黙がのしかかる。あなたは敵の反撃を恐れている。息苦しいほどの数秒間、別の作戦にすればよかったと後悔が胸をよぎる。時間がないとかお金がないとか、嘘を口実にすればよかった。それとも、卑怯だけれど「次の予約は、予定がわかってからお電話します」と言っておいて、それっきりにするとか……。でも、しっかり目を合わせて、毅然とした態度で「今日で最後にします」と言うのは、とても勇気ある行為で尊敬できる。

ただし、覚悟して。返事はきっとこうだから。

「わかりました。それについては、次の面接でお話ししましょう」（これは私の実体験）。

名前は明かせないけれど、ディナーで同席したある映画監督は、25年間も精神分析療法に通ったと言っていた。「最初の2年間は素晴らしかった。あとの23年間はやめたいとだけ考えていた」と打ち明けたあと、彼は突然、眠り始めた。座ったままの姿勢で、うつむきながら。周囲の客が食事を続ける中、10分後にはいびきもかいていた。精神分析療法と居眠りは関係ないかもしれない。でも私に言わせれば、この場でこんなにリラックスできるのは、絶対に療法のおかげ。

ところで私は、精神と自立とある程度の安定を取り戻した日に、面接をやめると宣言した。不意をつかれてさすがのドクターもたじろいだが、すぐに反撃に出た。「いいえ、いきなりやめるのはよくありません。そんなに軽いものではないのですよ」と。それはそうでしょう。一回40分で100ユーロを週二回。軽いわけがない。

でも、それ以上に重かったのが、ドクターを喜ばせなくてはという強迫観念に取りつかれていたこと。面白がらせ、楽しませ、笑わせようとして一生懸命しゃべりすぎ、診察室を出るときは、いつもぐったりしていた。だから、神経症を治すために面接を週三回に増やすと言われたとき、「エネルギーを節約するチャンス！」と決意した。そしてあれこれ大変ではあったけれど、何とか打ち切ることに成功した。

でも、彼女の言葉の一つか二つは深い示唆《しさ》に富んでいて、とても助けられたし、いまも折にふれて思い出す。

占い師を訪ねるべき？

姪のカロリーヌは、9月に38歳になったばかり。ずっと相手を探してきたけれど、独身生活も長くなったので、占い師に見てもらった。すると、「年内に生涯の男性に出会う、すぐ結婚する、子どもを何人か産む」。こう告げられた。姪は早速、この神聖なお告げを仲良しグループに報告。友人たちは、独身で出産未経験、トロカデロの高級住宅街に住む銀行員で、もちろん占いなんて信じていない。だから、あきれて天を仰いだり、口には出さないまでも〈占い師もよくもまあ、調子のいいことばかり並べたものだわ〉と思ったり……。

ところが、カロリーヌは、とある男性と出会って一目ぼれし、2週間後に結婚した。相手が年下の美形、しかもパリ中央工芸学校出身のエリートで、最近自分の会社を売却したばかりとわかると、その占い師の電話はパンクし、スケジュール帳はわずか数時間で埋まった。そしてトロカデロの友人たちは、金融業界の展望とはまったく関係ない質問をするために、占い師の部屋で列をつくった。若くて美しくて金持ちでフリーの素敵な王子様が、自分たちの前に現れるのはいつかを知るために。

それからというもの、この占い師の名前と電話番号は、誰もが欲しがるけれどもトップシークレットになった。それを私はどうやって手に入れたか？　それはヒ・ミ・ツ。

占い師の家はブーローニュにあった。映画にあるような真っ赤なビロードのカーテン、象牙《ぞうげ》の彫刻、アフリカの仮面……。恐怖心が込み上げたそのとき、ヒッピーみたいな60代の女性が現れ、頬に軽くキスしてくれた。しかも、「あんた、何か飲むかい？」と気さくに聞いてくれたので、ますますほっとした。

彼女が言うには、先日やって来たお堅い銀行員は、後ずさりして「友だちじゃないんだから、キスしたり、なれなれしく呼んだりしないでください！」と言ったとか。私は声をたてて笑った。だって、私がこんなに内気じゃなかったら——書くときは大胆だけれど、話すときはそうじゃなくなる——まったく同じ反応をしたと思うから。占い師は続けて言った。「だからドアを指さして、問答無用で追い返してやったよ。『出て行きやがれ！』ってね」。私は笑いの残った顔をこわばらせ、言われたとおりにカードを並べた。

最初のカードを見て、占い師は、私に悪意を持つ女が身近にいると言った。ブロンドで邪悪な女。「まあまあ、本当にたちの悪い女だ。一階に住んでいるよ。管理人かね？」。彼女は、カードの上にもう一枚を投げると、気合いを込めて叫んだ。「くたばれ！」。

私は茫然としていた。一階に住むブロンド女に心当たりがあった。実業家と称しているけれど、自分のためだけにお金を集めるのがうまい人。たくさんのお人好しがだまされた。そのうちの一人が教えてくれたので、私は被害に遭わずに済んだけれど。

「ほかのカードも見てみよう。ああ、いいね。全部いいよ。あんたは、旅行して、書いて、そう、本を出版するよ！」

その時点では、本を書く計画はまだなかったし、編集者からの話もなかった。だから、大喜びしてもいいはずだった。なんですって？　本を書いて、それが出版される？　いったいいつ？　何の本？　でも、そうするかわりに、私は急いでこう尋ねた。

「それで、誰かいい人に会えますか？」

「ここと、ここと、ここにカードを置いて。ふうん、独りじゃないね。うん、誰かと一緒だ。そんなに先のことじゃない。あんたたちはすごく好き合ってる。優しい愛があふれている。一緒に暮らしてるよ」

「いつ？　いつですか？」

「あのねえ、そういうふうに聞かないでくれるかい？　数学じゃないんだ。正確な日にちなんてわからないよ」

それから彼女は、私の未来から自分の過去へと話題を変えた。これまでの人生の紆余曲《うよきょく》折《せつ》を語り、裏話にさまよい、私の愛に戻ったかと思うと、また自分の愛を思い出し、昔の恋人だった有名人の話に逸《そ》れる（私はもちろん、「うっそぉー！　あの人？　わあ、すごい！」とリアクションしてみせる）。でも、もう聞いていなかった。知りたいことはもう聞いた。

立ち上がって、最後に尋ねた。

「おいくらですか?」

「気持ちだけでいいよ」

姪はたぶん、十分なお礼をしていない。結婚と幸せを予言してもらったのだから、その埋め合わせもしなくては……。もしも私が払った金額を占い師から請求されたなら、法外に高いと感じたに違いない。でも、こんなにいい知らせをもらったのだから、お得というもの。


さて、それでは、誰もが占い師に会いに行くべき? わからない。でも、あの占い師だったら、迷わず会いに行くべき! とにかく最高にいい気分になれるから。まるで、リッツ・ホテルで、プロザックを飲んで、マッサージをしてもらったみたいに。

彼女の家を出たとき、あんまり幸せだったので、ジャンプして、踊った。そして立ち止まって考えた。ええと、ちょっと待って。誰かに会えるのよね。

でも、いつ? どこで? どうやったら彼だってわかるの?

50代の女性はどうやって同世代の男性を見つけるのか？

”魔法のランプよ、どうかお願い、世界中のプログラムにバグをつくって！
そうすれば、ネットの世界から私の失敗が消せるから。“

マッチングサイト

いい人はどこにもいない。あなたが出会う男性たちは、どこかしらに欠点を持っている。狩場を変えて探してみても、獲物はまったく見つからない。だからあなたは、こっそりと、誰にも言わずにそれを試してみた。

でも、以前にそれをすすめられたときはこう言っていたはず。「いやだ、だめよ。そういうのって私向きじゃないもの」と。実際、見るまでは考えてもいなかった。いいえ、ちょっとばかにしていたかも。ネットで恋人を見つけるなんて、ワクワクもドキドキもないじゃないの、と。

けれども、あなたはとうとうマッチングサイトに登録した。ディスプレイの薄暗さが羞恥心を薄めてくれたから。それから、失恋話を聞かされたり、お見合いパーティを企画するのにうんざりした友人たちに見放されてしまったから。もちろん、選んだのは「要求レベルの高い独身者向け」という、友人おすすめのサイト。「どうなったか、ちゃんと教えてよ。いい？」と友人は念を押す。恋人がいるので必要ないけれど、実はすごく興味があるからと。「もちろんよ。全部報告するわ」と答えながら、〈教えるわけないでしょ〉とあなたは心の中でつぶやいている。

ちょっと言いづらいけれど、こうしたサイトで心配なのは、知っている人に会ってしまうこと。たとえば、近所のおまわりさんや隣に住んでいる人が、このバーチャルな生け簀の中で泳いでいたら？　でも、それよりもっと気まずいのは、友だちの恋人を見つけてしまったとき。「彼を疑うなんていけないと思う？」と悩む友だちに、なんて答えればいいの？　心の平和を保つには、知らないでいるのが一番いい。

さて、条件——年齢、身長、学歴——を入力すると、選ばれた候補者が一人、ディスプレイ上に現れる。このとき、彼のプロフィールをそのまま信じてはだめ。少しでも自分をよく見せようと〝盛って〟いるに決まっているから。もちろん、ちょっとしたごまかしはお互い様。彼は身長、あなたは年齢。「うまくいってしまえばこんな〝ポスト真実〟は、ワンクリックで吹き飛ぶものよ」と自分に言い訳しながら嘘をついている。そしてあなたは、彼のＱＣ（文化指数）や好み（映画、本、アート）をじっくり調べる。学校のレベルが同じくらいだったり、二人ともハイキングが好きだったり、そのほかのささやかな興味が一致したりするととても嬉しい。「出だしとしては上々だわ」とほくそ笑む。

経験からお話しすると、実際に会う前に、彼が書いてきたメッセージを丹念に読んでチェックしたほうがいい。政治家だったら、都合のいい部分だけを取り上げる。私だったら、イカレた男は排除する。「いいね！」やハートマークは心地よいけれど、用心するのを忘れないで。

50代の若き女性たちは、シングルであれば、いつでもセックスに応じる態勢をとっている。ただし、こう言いたい。「相性がいいか悪いか、それが問題だ」と。しかも、それは実際に、とりあえず少しでも、やってみないとわからない。相手は、初回から最高のパフォーマンスを発揮するはず。でも、それがよくても悪くても、大切なのは第一印象。

ディスプレイ上のおつきあい（バーチャルの意味）の欠点は、セックスの相性がわからないこと。一度セックスしてみれば、次があるかどうかがわかる。プロフィールを読むだけで欲情するのは結構難しく、勇気と実践と用心が必要。まったく、情熱にブレーキをかけるものが多すぎる。だから、効率よくしたいなら、相手の好きになれる部分だけを見て妥協すること。許せないことがあったら見ないふりをして、とにかくセックスに集中しよう。

私はネットで知り合った男性とつきあったことは一度もない。一緒に飲みに行きたいとももう思わない。彼らはたいてい、すぐにセックスしたがる。でも私はスローペースが好きなので、誰ともうまくいかなかった。

マッチングサイトにひしめくのは、素敵な出会いを探しあぐねて途方にくれる人々。ここにあふれているのは、孤独や不安や失望や詐欺。その中を、カクテル片手にすいすい進み、会う人ごとに挨拶を交わす。少し気になる人に出会っても、「もう少し探すか、もう少し待てば、もっといい相手がいるのでは」と思ってしまう。そしてそのとき、相手もまったく同じことを考えている。サイトの中をぶらつくうちに、カジノみたいな常習性も生まれる。ここではふられるのも当たり前。傷つくのにも慣れていく。恥ずかしい性癖もさらされたままになる。要するに、誰にとってもいい場所というわけじゃない。

マッチングサイトはいわば、捕食者がうようよ泳ぐ沼。そこに50代の若き独身女性を放したらどうなる？　最初はとまどっても、すぐに慣れるはず。ここでの愛のコミュニケーションは「束の間の」「激しく」「とける」感情の三点セット。うまく使いこなせば、楽しめて、きっと誰かいい人に出会える。

追記　ここに書かれているのが自分のことだと思う友人たちへ

いまのパートナーと出会ったのが、私の知らないお宅でのディナーだとか、展覧会のオープニングパーティだとか、高速のサービスエリアだとか言わないで。いい？　そんな嘘をつかなくても大丈夫。本当のことは誰にも言わないし、話を合わせてあげると約束する。

30代の女性は、積極的にネットで「魂の伴侶」を見つける。そして、そのなれそめを結婚式で披露するのを楽しんだりもする。でも、私たち50代の女性は、伝統的な教育と恋愛小説で育った世代。だから、迅速かつ効率を重視するネット上での恋愛には抵抗がある。ゆっくりすることに魅力があると思っているから。

そして、あきらめたときに

私にはつきあっている男性がいなかった。周囲を見回しても、何も起こらないし誰もいなかった。いいえ、一人だけ好きになった人がいたけれど、残念ながら彼は私を求めていなかった。だから私はあきらめた。もう恋人は持たないと厳《おごそ》かに決意した。誰でもいいなんて「安売り」するのは嫌だったから。もちろん、占い師の予言があったので、ちょっぴり希望も持っていた。でも、旅行と孤独と禁欲に費やした数か月のあとで、はっきり思った。「もういいわ！」と。自分にこう問いかけた。

「出会いを待つには、年をとりすぎていない？　いつかまた、セックスができる？　できたとしても、喜びを感じるかしら？」

とにかく、私はあきらめることにした。気持ちの上での孤独を受け入れ、そこにＣＤＩ（＊無期限の雇用契約）をつけて、我慢すると決めた。

恋人なんていないほうがいいかもしれない。いまでは、ますます多くのシングル女性が、独りでいること、パートナーを持たないこと、気兼ねなく自由を楽しむこと、誰かを求めないことを楽しく受け入れている。それがトレンドといえるかもしれない。

彼女たちは、孤独や自立、移り気な恋やセックスを気ままに楽しんでいる。自分のライフスタイルを変えようなんてこれっぽっちも思っていない。二人で生きる喜びを男性から与えてもらおうとも思わない。一人で生きることに満足しているから。自分という存在も家賃も分け合うつもりはない。

だから、はっきり言わせて。誰もが愛を求めているかと聞かれたなら、答えはたぶんイエス。でも、誰もが男性を求めているかと言えば、絶対にノー。

いずれにしても、私は決めた。トレンドな女性の仲間入りをすることを。

そして、まさにあきらめたそのとき、私の夜空に、星が二つずつ並んで輝こうとしていた。星はそこにある。

私にはそれが見える。

ここ数年、「悲劇をもたらした男性」とはときどき会っていた。しょっちゅうではなかったのは、遠くに住んでいるとはいえ、彼女が目を光らせていたから。互いに控えめにしていたけれど、4年経って親しくなった。悲惨な「タルト・パーティ」のことは気にしていないふりをして、話にも出さずにいた。

そしてあるとき、別の知り合いから、彼が南仏の美女と別れたと知らされた。詳しい事情は聞いていない。友人には「これはチャンスよ！」と言われたけれど、「そんなつもりは全然ないわ」と答えた。彼はすぐに、30代の女性とつきあうかもしれない。リバウンド・ガールになりたくなかった。彼も何も言わなかったけれど、フリーになったらしいのは見てとれた。

私は、何も気づかぬふりをした。私は興味を持たれていないから。

ある晩、ディナーのあと、キスしようとした彼に、顔をそむけてきっぱりと言った。

「やめて。いい友だちのままでいましょう」と。

1週間後、彼ははっきりと気持ちを伝えてきた。私とつきあいたい、自分の気持ちがはっきりわかったと。

私は、うすっぺらな誇りを黒いベールで包んでなおも拒絶した。だめ、やっぱりだめ、と。彼はすったマッチを私に近づけ、抱きしめた。私はぐらりとゆらぎ、ろうそくになり、燃えて、溶けて、流れた。

不安が黒い欲望とともに果てしなく膨れ上がる。もしも身をゆだねたら、この人は私をめちゃくちゃにするのでは？　胸の中で心のエアバッグが爆発し、15年間のシングル生活が仕掛けたセキュリティ装置のアラームが鳴り響く。

だめ、だめ、だめ……。

「いいわ」と私は答えた。もっとも、すぐに後悔したけれど。

というのは、その翌日にアメリカに発ち、1か月間滞在する予定だったから。でも、1週間後、彼がアメリカまで会いに来てくれた。だから私たちの物語は、イースト・ヴィレッジ通りで再会したその瞬間に始まった。

「でも、どうしてもっと早く言ってくれなかったの？　そうすれば4歳若かったのに！」と言う私に、彼は口ごもり、「よくわからなかったし、心構えもできていなかった」と返事した。

そんなものかと思っていたけれど、ずっとあとになって彼の複雑な思考回路を知った。でも、それはまた別のお話。

思い出すのは、友人のクリスティーヌに、深く愛し合う男性ができたと打ち明けたときのこと。場所はニューヨークの57番通りにあるレストラン「ル・コロニアル」。彼女はウエイターを呼びとめてシャンパンを注文すると、立ち上がってグラスをかかげ、こう祝福してくれた。

「狩りの終わりに乾杯！」と。

こんなにも貴重な出会いができたのは夜空に二つ、並んで輝く星のおかげ？

私は15年間、ばかげた体験と納得済みの孤独を背負って、独りで生きてきた。そしていま、心の鎧を打ち砕いてくれた、この優しい「斧」を、この上なく幸せに思いながら、心の中に受け入れた。

とうとう出会えた！

背が高くて、髪の毛がなくて、素晴らしい人、ル・ドゥ！（＊著者がつけた愛称。「優しい男性」の意味）

占い師が予言した男性。

もう「独り」じゃない！　いまは二人！　「私」ではなく「私たち」と言うように練習しなくては。「だめなの、私たち、日曜日は来られないわ」「私たち、田舎に行く予定なの」「私たち、この夏はカダケスに行くのよ」。

普段使う言葉にも、新しい単語が加わった。「私の愛」と「私の心」。それから、こういう言い方も。「あなたはどう思う？」　そして私は「いいわ」と答える。すべてに「いいわ」と答える。

いまにも舞い上がってしまいそう。こらえきれないほほ笑みをいつも顔に貼りつけている。人から見たら、たぶん変な人。

La jeune femme
de cinquante ans en couple

—

50代の若き女性がカップルになるとき

Chapter

3

—

“年をとるにつれ、自由にしてくれる人、強い愛ではなく、
軽やかな愛を注いでくれる人としか暮らせなくなっていく。
人生はあまりにつらく苦いので、この上さらに愛する人から
束縛されることには耐えられない”

—— アルベール・カミュからルネ・シャールへの手紙

愛が訪れたら……

予期せぬ愛の訪れは、心を迷わせ、揺るがし、打ちのめす。まるでサーカスの綱渡りのように。落ちたら絶体絶命。だからバランスポールを握りしめ、そろりそろりと前に進む。でも、バランスをとるのは難しい。簡単ではないことは、最初からわかってる。そんなにお人好しではないし、物ごとをちゃんとわきまえている。でも、いまは本当に幸せ。魅力的な自分を取り戻せたのだもの。そして、若くないからと一度はあきらめた感情に、こうして再び身をゆだねることができたのだもの。

愛をできるだけ長く続かせるには、最低限のかけひきと分別が必要だ。大切なのは互いに相手を気遣うこと。思い出して。誰かを好きになると、それしか頭になくなってしまっていた頃のことを。仕事は上の空、子どものことも忘れ、ランジェリーに給料の倍のお金をつぎ込んでいた。愛は暴君となってどんどん領土を広げ、日常生活を侵略し、最後はシーツの下の私たちの恥丘を征服する。

いま、私は愛を手に入れた。この愛が壊れるところは絶対に見たくない。ずっと見つめて、保って、守って、人生が私に教えてくれたことを楽しみたい。

絶対に妬まれないようにするために

もしも、あなたがすでに理想の男性と出会っていて、愛し合い、生活をともにしているならば、絶対にそれを人には言わないで！ 幸せをひけらかされるほどつまらないことはないから。幸せというのはとても個人的で、この上なく繊細なもの。だから無神経なふるまいや悪い冗談の一つで一瞬のうちに消えてしまうことがある。

最初は、どれほど幸せかを大声で叫びたくなる。あらゆる手段を使って触れまわりたくなる。でもしばらく経つと、高揚感はしぼみ、倦怠が訪れる。そうなったときも、やっぱり人に知らせたい？ 狂おしいほどに愛せるのは最初の3年間だけ。そのあとは意志が必要になり、二人で計画して成し遂げるものになる。だからいくら幸せでも、最初から黙っているのがベター。

もしも、「独り」だった頃の知り合い、あなたの「ふられまくりの時代」を知っている人に会って、「元気？」と聞かれたら？ ちょっと冷めた感じで「ええ」と答えよう。決して幸せそうなそぶりを見せないように。そして、相手が相変わらず独りだったら、感じよく「まあね」とか「楽じゃないけど」と言い足してあげて。

50代で、もう一度カップルで暮らすということ

50代になってから再び二人での生活を始めるのは、決して楽なことじゃない。特に、15年間も一人で暮らしていたならなおさら。お互いに絶対に譲れない領域があり、20年前なら柔軟に対処できたことでも、いまは細かいことにまで頑なになっている。

真っ先に問題になるのは、経済状態と扶養すべき子どもの人数だ。特に後者は、一緒に暮らそうと思ったときに、互いの子どもの数が同じというケースはめったにない。

では、どこまでだったら譲歩できる？　最初から知っていたなら大丈夫。でも、あとからわかったことは？

「この年になって一緒に住み始める人なんている？」と自分に問いかける。「いないわよ」と自分で答える。

40代なら知っている。でも、50代となると……。同じアパルトマンに住んで、洗濯機や歯磨きコップを共有しようと思えるのは、若者だけ。習慣は、そうやすやすとは変えられない。年をとってから「一緒に暮らす」と決めるのは、「愛」と「経済」と「時空の共有」という三つを混ぜ合わせた微妙な問題を生み出す。愛と経済は、決めた時点でわかってい

る。でも三番目は実際にやってみないとわからない。こうして、日常生活の多くに関する取り決めがミリ単位でつくられていく。

ル・ドゥと私は長い間友人だったから、互いをよく知っていた。恋人モードに移行してからは、物ごとは一気に進んだ。本当によかった。あんなに長く待ったのだもの……。

最初に見に行ったアパルトマンに二人で同時に引っ越し、それぞれの蔵書を——同じ本があるのを楽しみながら——うまく合体させた。彼が持ってきたのは、過去と数人の子どもと、やめられないいくつかの習慣、つまり、つけっぱなしのニュース、かけっぱなしの音楽、居間の小型グランドピアノ、部屋干しの洗濯物（彼は乾燥機が嫌い）。

居間を堂々と占領するピアノは、私にとってもお気に入り。でも、玄関で、トゥインゴ（*ルノーのコンパクトカー）の半分くらいの面積を占めているハンガーはそうでもない。彼はここにワイシャツや靴下をかけて乾かす。私としては、エコロジーよりも、住まいに関する美学を優先したいところだ。いくら省エネを説かれても、こんなオスマン（*政治家。第二帝政下でパリの都市計画を遂行した）様式のアパルトマンでは説得力に欠けるもの。でも、現実はこのとおり。私たちはとても愛し合っているので、私は文句は言わない。

日常生活で誰が何をする？

家事の分担は、最初の数週間で暗黙のうちに決まる。同じことを何度か続けてやったら、その後もずっとやることになるのだ。あなたがいつもベッドを整えているなら、ベッドの担当はあなた。彼がフライパンを洗っていた？　だったら洗い物は彼。こうして決まった役割分担が、そのまま永遠のものになる。そしてこのやり方で、うまくいけば、口に出して頼まなくても分担できる。

仕事をしている30代の女性は、いわゆる「プレッシャー」にさらされやすい。でも、50代の若き女性はベテランなのでコツがわかっている。だから、バランスのとれた分担を考えると相手に相談せずに実行する。必要ならば役割交換もできるけれど、あくまでもさりげなく。

私は、男性との距離が近くなりすぎるのが好きではなかった。浴室のドアを閉めないような男性には困惑させられた。歯もこっそり磨いていたし、オーガズムのときも冷静でいられるのが自慢だった。でも、愛に心が満たされたいま、自分でもびっくりするくらい別人になった。昨日までは耐え難かったものが、今日は嫌いではなくなったのだ。鼻息やおならや、ええと、ちょっと言えないけれど……。とにかく、どうでもいいようなことには、気づかないふりをする。

ル・ドゥといるとますます寛大になれる。彼は生きるのが上手で、全体的には行儀のいい人だから。ただし彼は、多くの男性とごくわずかの女性がするように、そのためにつくられたのではない場所で何時間も本を読む。どうして男性はトイレで文学を求めるの？

私が考えずにいられないのは、時間があったら、そして、もしも別の男性と暮らしていたら、読むことができたはずのたくさんの本のこと。

いつだって、愛を祝う

毎年、バレンタインの時期になると、メディアや広告がしきりにあおりだす。おかげで、もうその季節なのね、と気づくけれど、いつも疑問に思う。2月14日に花束やハート型のケーキをもらうのが、そんなに嬉しい？ 愛し合っていて、毎日それを伝え合っているなら、とってつけたような贈り物なんていらないのでは？（＊フランスのバレンタインデーでは、カップルがプレゼントを贈り合う）

互いに気持ちがあるなら、バレンタインデーにひざまずいて、ブルガリの指輪が入ったビロードの小箱を差し出す必要なんてない。それよりも、何もはまっていない指で、マッシュポテトにハートを描いて、思わせぶりな視線を送りながら、その指先をなめるほうがよっぽど刺激的。これならお互いの懐も痛まないし。年末のパーティから2か月も経っていないのに、また散財なんて誰だってしたくない。おまけに、あなたか、あなたの新しい恋人の誕生日がクリスマスに近かったりしたら、またまたお金がかかる。大切なのは、気持ち。贈り物は義務じゃない。

それに、もしもあなたがシングルだったら、バレンタイン商戦は、あなたが〝まだ〟独りで、〝ずっと〟独りだという事実を突きつける。このお祭り騒ぎは、申し訳なさそうなポーズをとった世間の残酷さをあからさまにする。「あらっ、恋人はいないの？　まあ、ごめんなさいね！」。

だから、真っ赤なバラの花束を買おう。そこに、大声で言いたい言葉を書いたカードを添えて。「自分で買うのが一番楽しいわ！」と。

もしもカップルだったら、家で普通の料理を作ろう。お祝いしたいなら、サンタムール・ワイン（＊「サンタムール」は「聖なる愛」の意味）と、一輪挿しに赤いバラを一本。もしかしたら、マッシュポテトの中に隠されているかもしれない……。そう、ブルガリの指輪が！

「宝石はそれほど好きじゃないの」と私が言ったとき、ル・ドゥはほっとした顔をしていた。そしていま、この文章を読んで苦笑いしている。冗談よ、モナムール……。私はマッシュポテトが大好き。

嫉妬

嫉妬とどう戦うか？

男性の3分の1は、浮気をしている。

もう3分の1は、浮気をしないように努力している。

残りの3分の1は、浮気をしたいと思っている。

裏切られる可能性があっても、信じるしかない。でも、嫉妬は避けられない。愛に嫉妬はつきものなのだから。私がル・ドゥに「私って嫉妬深くないの」と言ったら、真実は一つ。私は嘘をついている。それでは、嫉妬が生み出す破滅的な衝動と、どう戦えばいい？

これはなかなか難しい。でも、よく考えてみたら、方法は一つだけある。この感情をポジティブに変える方法、利益も得られて楽しめる方法が。

そうなの？　どういう方法？

セックスをする。

嫉妬という感情の高まりには、徳と悪徳が入り混じる。嫉妬に狂うと、出会った頃のような激しい性衝動がよみがえる。嫉妬はリビドーの親しいお友だち。ライバルがいることで効果があるのなら、利用しない手はない。全身の細胞の興奮は、相手にも必ず伝わる。なぜなら、欲望というものは絶対に正しいから。理屈じゃなくて、そういうもの。だいたい、欲望は理性的ではないし、嫉妬はさらに非理性的だ。意志は弱まり、判断力は鈍り、思考は脈絡なくなり、常識はもつれた幻想の中に消えていく。

嫉妬すると、異常な独占欲をコントロールできなくなったり、手に負えないほど権利を主張したくなったりするけれど、その一方で、自分がこれまでになくいきいきしているのを感じる。自分も含め、あらゆる人に注意が向いているのがわかる。

嫉妬は、ダイエットより効果的だ。甘いものも辛《から》いものも欲しくなくなるし、それ以前に食事をするのを忘れてしまう。嫉妬するとやせる。もっとも、急激にやせるのは50代には禁物だ（誤解しないで。いけないのは「急激に」やせること。ゆっくりだったらOK）。

二人で暮らすときは三つの信頼を分かち合わなくてはやっていけない。相手を信じること、自分を信じること、二人を信じること。これができなければ毎日が地獄になり、疲れ果ててしまう。

でも、もしもベッドにショーツが落ちていたとか、あなたのではない名前が彫られたブレスレットが見つかったとかなら、もちろん、あなたには問いただす権利がある。家に入り込んだ愛人はもめごとを起こすためにいろいろな「証拠」――化粧ポーチ、妊娠判定薬、コンドーム――を置いていく。そして、あなたの心に不安が湧き起こるのを見計らって、メールを送り付けてくる。目立つように、最後に♡の絵文字つきで。

こうしたメールやメッセージを二人のどちらかが見たとき、カップルの生活は新たな段階に入る。前とはすべてが変わってしまう。視線は疑い深くなり、相手の携帯に着信ランプがつくたびに笑顔がひきつる。これこそがカウントダウンの始まりだ。実際に関係が終わるとは限らないけれど、それでも何かが終わる。

だから私は、どんなにおいしそうでもリンゴはかじらない。ましてや、絶対にパンドラの箱を開けたりしない。

不倫がバレたとなると、愛人は、「正妻」の悲しみや怒りや権限を使って事態を動かそうとする。でも、これだけは言っておきたい。裏切られた女性はつらいけれど、愛人はもっとつらい。不倫は長い期間にわたる拷問なのだ。

そこからジレンマが生まれる。裏切られているけれど独りではないのと、独りだけれども裏切られていないのとでは、どちらがいい？　これはペストで死ぬのとコレラで死ぬのとどっちがいいかを聞くようなもの。

ではどうしたらいい？　不実な男とは別れるべき？

もう愛していないなら、勇気と経済力があるなら、別れるべき？

人生は一度きり。だから、いろいろな生き方をするのはいいこと。

でも、同時にするのはやめて！

用心すべきライバルは？

いま、私はカップルになった。だから、彼を盗まれないようにしなくてはいけない。

彼を恋人にするのは本当に大変だった。とても長く待たされた。気にしていないふりをしているけれど、あの「タルト・パーティ」はいまだに苦い思い出として胸につかえている。お互いに決して口にはしないけれど。

二人の生活は優しくて心地いい。互いに相手を尊重し、喧嘩もまったくしない。こんなにうまくやっていける人とは初めて出会った。彼はこれまでつきあった女性たちともこうだった？　もしもそうなら、彼女たちはきっと後悔しているはず。だって、日常生活にこれだけ適応できて、性格にも協調性がある人はめったにいないもの。

愛する人を独占したいという願いと、その人を誰かに奪われるのではという不安。そんな、これまで知らなかった思いを味わっている。それまでは相手がいないことを不満に思っていたけれど、ある意味、気楽だった。ライバルもなく、競う必要もなかったから。捨てられる不安や裏切られる苦しみもなく、よこしまな女を警戒しなくてもいいのは、独り身のメリットだ。だから、カップルになったらすぐに大事にしなくてはいけないもの、それが「信頼」。

もしもあなたと彼が、たとえばニカラグアみたいな孤立した地域に住んでいるならば、心穏やかに暮らせるだろう。そこでの美の基準は私たちのものとはかけ離れているので、あなたの愛する人が他人の欲望にさらされる可能性は少ない。もちろんこれは、あなた自身についても言える。でも、私たちの住むパリは危険に満ちている。

パリにはいつだって、あなたよりも、私たちよりも、私よりも、美しかったり若かったり、上品だったり裕福だったり、面白かったり頭が良かったりする女性がいる。もちろん、こうした美点のすべてを備えた女性なんていやしない。でも、日常生活にちょっとくたびれて、情熱にほころびが見え始めると、ほかの女性に目がいってしまうもの。

男性が浮気をしないのは、道徳心とか社会的地位とか、妻や恋人に誓った永遠の真実の愛とかのためではなく、単に機会がないだけ。だから、私と可能性があるわよ、とわざわざ丁寧に教えてくれる女性に会ったら、たぶんその日のうちに裏切る。ただし、有難いことに美人はあまり積極的にならない。大胆に仕掛けてくるのは、たいていはさえないタイプ。それに、もう一つ有難いことに、誰もがあなたの彼に欲情するわけじゃない。

それでは、実際に「アタッカー」になるのはどんな女性？　それは、何も失うものがなくて、不実な行為を楽しむ自信家だ。あなたの彼といちゃつきながら「笑っているだけよ。笑って何が悪いの？」と言う女。また、独身の「アタッカー」よりも人を惹きつけるのが、仮面をかぶった既婚の「アタッカー」。彼女は、夫の目の前で男あさりをする。夫もこのセクシャルなゲームを楽しんでいるのだから、他人の頭と下着の中で起きていることとは、本当にわからないものだ。

さて、彼らが家に帰ると、虚飾の世界を見せつけられた夫はその興奮のままに激しいセックスに突入する。もしもあなたの夫が、ちょっとふしだらで挑発的な女性にこれみよがしに誘惑されて、嬉し気にそわそわしていたならば、あなたがいら立つのは当たり前。50代のカップルは、傷つきやすく心配性なのだから。彼の愛想のよさが裏切りへの一歩なのかどうかはわからない。でも、私たち50代の女性にとって、精神の平穏はとても重要なこと。

「自分の男を捕まえておけばいいだけよ」とあなたの中の誰かが言う。

「ただの遊びじゃないか」と彼は言う。

〈そうかもしれないけど、あんなに嬉しそうだったじゃないの！〉とあなたは心の中で叫ぶ。

こういう場合、真摯に冷静に公平に状況を収めるためには、傷ついたことをはっきり伝えて、謝ってもらうこと。そしてそのあとは、冗談以外では決して話を蒸し返してはいけない。興奮したり非難したりで事態を長引かせるのは、無意味で非生産的だ。

怒りと悲しみと不安をこらえよう。そうすればいずれ、コミュニケーションをとるためのいい言葉が見つかるはず。ただし、このささいな出来事のせいで、日常生活に嫉妬の小さな種がまかれ、あなたの生活がむしばまれるようなら、その「アタッカー」が危険な存在かどうかをじっくり調べたほうがいい。

では、その「アタッカー」はどんな女性？

子どものいない39歳の女性だったら？　ますます大胆さを発揮して彼を誘惑する可能性がある。でも大丈夫、落ち着いて。50代の男性は用心深い。だてに年をとっているわけじゃない。たとえ一目ぼれしたとしても、「不妊証明書」が発行されない限り、小指一本触れはしないはず。

では、小さな子どものいる40歳くらいの女性なら？　もっと心配はいらない。他人の子どもが我慢できるのは、その子が大きいか、いないときだけ。小さな子どもの母親は愛人にしかなれない定めになっている。子どもの父親と交渉して、1週おきに息抜きするのがせいぜいだから。

それならば、45歳の女性で、子どもたちは思春期直前だったら？　これも大丈夫。保護者会、校外活動、仕事、そして双方の家族が一緒に過ごすバカンスで、教育や性格の違いに互いがいら立ち、結婚生活の見通しはすぐに危うくなるから。たとえば寝室が6部屋あるアパルトマンが必要だったら？　二人の資金を合わせても必要な住まいを確保できないとわかった時点で、すべてが難しいとわかるはず。

反対に、脅威になり得るのは、美人で、子どもがいなくて、これから産むにはちょっと年をとりすぎていて、自立していて、フリーではない女性。彼女は「快楽の園」（＊ヒエロニムス・ボスが描いた祭壇画）に描かれた蛇のように、わずかな隙間を見つけて、巧みに入り込んでくる。

美女に迫られて抵抗できる男なんてまずいない。それでは女性は？　美形の男性に誘惑されて、抵抗できる？

それはそのときの状況次第。誰だって安心していたい。でも、誰でもちょっと刺激を受けるのが好き。だから、あなたが飛び込み台に上りたいなら、誰も止めない。梯子を上り、10メートルの高さに達し、目のくらむような高揚感を少し味わい、あなたは……梯子をつたって降りてくる。

もちろん、そのままはずみをつけて飛び込むこともできる。すべて、あなたの責任で。その場合は深く考えないほうがいい。なぜなら、一度きりでもあるいは続いても、不実な関係から得られる喜びはごくささやかなものだから。それに引きかえ、不実が気づかれ、しかも白状されてしまったら取り返しのつかない事態が引き起こされる。もっとも、少しうまくやって運もよければ、誰にも知られずに済むこともある。浮気は契約違反ではあるけれど、私たちは知っていることにしか嫉妬できない。でも、心配しないで。嫉妬させたとしても何も変わらない。嫉妬のせいで、彼が去って行くことはない。二人の殻にますますきつく閉じ込められるだけ。

私の個人的な統計によれば、「人は嫉妬の下に不平等」。人によっては、嫉妬で生活が壊される。でも有難いことに、すべての男性が浮気をするわけではないし、また、誰もが嫉妬されるわけでもない。そして私は、あまり嫉妬深くないタイプ。でも、嫉妬させるようなことをされたら、出て行くわ。

カップルが長く続くための秘訣

”
魔法のランプよ、どうかお願い！
私が彼を愛するより、ほんの少しだけ多く、彼が私を愛するようにして！
“

愛とは、精神と肌の化学反応。月の満ち欠けに従い、時とともに進化し、次第に弱り、ついには完全に消えるか、別のものに変わる。それぞれの経験や性向に応じて、よければ別の形での愛、そうでなければ友情や優しさに。

悪い男とともにする人生はとても悲惨だ。どうして、並以下の男性との生活に満足できるかといえば、それは、愛を意識しないから。50代になると経済問題や家庭の習慣が硬直化する。それに慣れると、愛がなくなっても気にならなくなる。

私が深く尊敬するのは、長く続いているカップルだ。年月によって疲弊していても、そんな様子を見せずに、裂け目を補修して、カップルという船が沈まないようにしている。欲望が消えたり、意見が対立したりする危機をどうやって乗り越えて来たのだろう？　年月という巨大なブラックホールにどうやって立ち向かったの？　さまざまな誘惑をどうやって拒んできた？　意地悪な見方をする人は、こうした不滅のカップルはいまの生活があまりに楽なので別れられないとか、もはや複雑に結びつきすぎて変えられないとか、互いに隷属《れいぞく》しているとか言いたがる。でも私から見ると、彼らの関係はとても神秘的だ。

あるカップルは、いつも美しくてにこやか。意見が食い違っても――そんなことがあるとしたらだけど――言葉を荒らげることもない。一方別のカップルは、ぞっとするほどこわばった表情で周囲を不快にさせる。不機嫌をむき出しにし、非難や口論を始める。こんなに感情のままに傷つけ合ってどうなるのかと思うけれど、いつの間にか仲直りしているのは、たぶん、相性のおかげ。逆に、あまりに仲のいいカップルはどこか嘘っぽい。どちらかが本音を隠しているんじゃないのと思ってしまう。

それでも、試練の連続——末子の独立、束の間の浮気、上の空の謝罪——を乗り越えることができれば、その後もずっと一緒にいられるものらしい。

カップルが長い年月を幸せに過ごすために望ましいのは、二人のうち少なくとも片方がとても優しいこと、そして、二人ともあまり勇気がないこと。

結婚

”魔法のランプよ、どうかお願い、
私たちがいつも相手を「欲しい」と思うようにして！
でも、「必要」だとは絶対に思わないようにして！“

結婚は、スタートの時点では、自分たちの愛とセックスの相性のよさを大声で触れ回りたい二人を、エレガントに祝うのに役に立つ。
まずは結婚式を見てみよう。楽しく盛り上がる素敵な1日。いたるところに花や贈り物や笑顔があふれ、あたりには名目上の儀式につきものの不実な思いがただよう。

主役の花嫁は光や視線を一身に集める。ヒールの靴をはき、髪をシニョンにして、レースのベールをかぶっている。彼女の両親は、ほっとしたような表情を浮かべて、いかにも満足そう。

一方、花婿の両親は不機嫌な顔をなるべく見せまいとしている。独身の親友たちは見せかけの愛想を振りまきながら、探知レーダーを作動させている。音楽とオープンバーがあって、酔った招待客のいるパーティは、どんな出会い系サイトよりも獲物が多いから。

世間知らずな仲間のスピーチは、過去の過ちをぽろりと口に出すんじゃないかと、息をひそめてじっと聞く。続いて、子ども時代のビデオが流れる退屈な一幕。それが済むとどっと歓声が上がる。口の悪い連中は、この結婚が何年持つかの賭けを始める。ひねくれ者は、花嫁の生まれた年に注目して、「何とか間に合ったな」とつぶやく。

結婚には多くの利点——税の申告が一度で済む、嫡出子を産める、いろいろな割引を利用できる、カップルの姓を一つにできる——があるけれど、結局一番は、二人のそれぞれに、社会というエレベーターの中で、一人では行けない階のボタンを押す権利を法的に与えてくれること。でも、誓いを交わしたその日に、おとぎ話は現実に変わる。

いつか結婚が本当に意味を持つのは、二人のうちのどちらかが、愛を法的な契約にしておいて得をした！　と喜ぶ日だ。

つまり、こういうこと。

愛は（しばしば）長くは続かず、結婚は（いつも）続きすぎて、離婚については——話さない。決して終わらないから。

そのほかの、結婚のメリット

もしも運悪く、生まれた家の姓が素敵じゃなかったら、結婚することで夫の姓に変えられる。ちょっと女性蔑視ではあるけれど、これは結婚のメリット。子ども時代の恨みがいまも消えていない人（父親を非難したいなんて思ったこともない、という人がいたら手を挙げて！）にとっては、結婚は父親の姓が連想させる嫌な記憶を断ち切るチャンス。

個人的には、私は正式に結婚したいと思ったことはない。市役所や教会に、白い服で仮装して行くなんて考えただけでぞっとする。でも、もしも実家の姓がクイヨナール（＊「ばかな男」というような意味）だったとして、ド・ブルボン・パルム（＊ブルボンは国王を輩出した家系）という男性に出会って恋が芽生えたら、脅迫してでも私と結婚させたと思う。そして数年後にその結婚が離婚という結末を迎えたら、弁護士に頼んで、ド・ブルボン・

パルムという姓を自分のものとして生涯使用する権利だけは勝ち取る。でも、あとになって、子どもの婚約や孫の誕生といった大切な折々に、マダム・ド・ブルボン・パルムの旧姓がクイヨナールだったことを思い出させる記事が、「ル・フィガロ」の社交欄に載ったとしたら？　それは別れた夫の嫌がらせね。

でも、嫌な名前を消すよりも、社会的貧困から抜け出すよりも、もっと大きな結婚のメリットは、法的な手順に則《のっと》って契約を結んだおかげで、二人の永遠の愛が公のものになることだ。

追記

結婚には、あなたの夫につきまとうあばずれ女に、「一歩（もちろん二歩でも！）退きなさいよ、これ以上はしゃいでいると厄介なことになるわよ」と知らせる効果もある。経験と友人から学んだけれど、結婚の契約には貞節の条項がない。それどころか、その逆。不倫の信奉者もいる。自分自身を憎んで、愛人でいることを望み、それ以外を望まない女性。一番危険ではないけれど、やっぱり危険な存在。

覚悟しておいたほうがいいこと

離婚が簡単になれば再婚も増えるだろう、と言う人がいる。これは、解雇を簡単にすれば採用も増える、と言うのに似ている。でも、離婚を簡単にする法律をつくれと言って、町でデモに繰り出す人なんていている？　たぶんデモをするのはその逆で、訴訟手続きの遅さと不可解な複雑さを守ろうとする弁護士たちのはず。

結局、資産と苦悩は公平に分担されることになる。なぜなら、訴訟が長引くと、離婚を願った側も含めて双方が傷つき、貧しくなるだけでなく、動きも取りづらくなって立ち直るのも遅くなるから。

去って行く男性は、裏切った自分だけが幸せになってしまったと罪悪感にかられて、相手の怒りに比例して気前がよくなったりもする。けれども相手から感謝されるとは限らない。一般的には、裁判所から支払い命令が来ると、双方のエゴがどんどん肥大し、二人の生活にどれだけ自分が貢献したかを主張し始める。こうなったら、さもしい争いは避けられない。男性も女性もまるで活動家になったかのように、自分の思想を主張することにエネルギーを注ぐ。友人も子どももも銀の食器も、すべてが分割の対象。だから友人は、いいえ、子どもさえも、自分の側についてほしいと懇願《こんがん》される。そしてそれ以外は真っ二つ。

お互いがどれだけ寄与したのかがわかれば、分割は簡単だ。でも、どうやって測ればいいの？ そこで、聞き苦しい応酬が始まる。「子育てのために仕事を辞めた」「ディナーのおかげで昇進できた」に始まって、「授乳だって立派な労働よ」「落ち込んでいるときに慰めてあげたじゃない……」と、ずっと昔のことから、抽象的なことまで加わる。けれども、裁判官の判断は得てして不公平なもの。おまけに裁判には時間がかかって、季節が巡ってきてしまう。互いに不満を言いつらね、かつては喜んでやってあげていたことに請求書を書いている状態で、クリスマスを一緒に祝うなんてできる？ そう、離婚は平和を脅かす。

でも、交渉がきれいに片付いているならば、離婚の一番のプラス面は、はっきり口にしたことで、まるで憑《つ》き物が落ちたように冷静になれること。

それにしても、幸せや精神の安定や子どもやお金やすべての回復のためには、裁判の簡素化が絶対に必要だ。でも、きっと変わらない。家族法専門の弁護士はそれで食べているのだから。

50代でも結婚はできる?

はっきりいっていまの時代、貴族かゲイか、妊娠して中絶可能な時期を過ぎてしまった女の子以外、誰が結婚なんてする?

だから、結婚を何度か経験した50代女性の間では、もう話題にもならない。体験から、制度上の恩恵を感じなくなった私たちにとって、結婚はもはやディオニソス的な、つまり情熱的な意味では重要でなくなっている。

特別な統計を見るまでもなく、最初の結婚の大半は、争いの中で終わる。そして何トンもの重荷を背負うことになる。だから、結婚はしないほうがいい。でも、もしもあなたの中に断固とした意志とロマンチックな部分があって、ちょうどいいときに素敵な出会いがあったなら、もちろん結婚するべきだ。

私は、結婚する前にたくさんの経験をしたほうがいいと思っている。ほかの人ともセックスする、いろいろな感情を味わう、存分に悲しむ、酔って意識をなくす、泣きたいくらい感動する、惜しみなくすべてを与える、ベッドで笑う、そのあとで本を読む、何度も同じ失敗をする、それについてよく考える、理解する……。こうしたすべてを経験したあとで、それでもあなたの中に欲望があるなら、もしくは、そういう欲望があることを頭で理解しているなら、その男性が（あるいはその女性が）あなたの結婚すべき相手だ。

結婚は、愛を確認させ、社会的地位と保護をもたらしてくれるだけではなく、気持ちの変化も起こさせる。二人でいることが大切になる、強くなる、ペアになる、一つの実体を形成する、ディナーの席で、「○○夫妻」と呼ばれて、完璧な夫婦とみなされる……。

それなのに、指輪はいらないと言える？　結婚式の写真を額縁に入れて玄関に飾ることも拒絶するの？

私たち50代の若き女性たちは、バランスをとれる年齢になっている。だから養ってくれる親は必要ないし、スポンサーはもっといらない。いまの暮らしに慣れている。それなのに、結婚を承知するのはなぜ？

彼が本当に結婚を願っているから。

そう、結局大切なのは、彼が心から結婚を望んでいることだ。

若い女性たちへのアドバイス

人を好きになるときにはよく考えて。彼の長所は時が経っても変わらないかどうか、そして、愛が冷めても彼の性格を好ましいと思えるかどうか。

自分に問いかけてみよう。彼への愛情（あるいは、彼のあなたへの愛情）が薄れたときでも、彼は感じのいい人のまま？　彼はよいときだけでなく悪いときもパートナーでいてくれる？　別れることになったとき、気前はよさそう？

だいたいの答えは、付き合い始めたときからわかっている。レストランの明細書をしつこく眺めて計算し直すケチには気をつけて。お金もないのにパッパと使う浪費家や、何かをコレクションしたり物を集めたりするのに異常な散財をする人も要注意。必要なものと楽しみの間でうまくバランスをとれる多趣味の人なら検討すべき。付き合わないほうがいいのは、お金がないのにお金を軽蔑する人。

若い女性たちには、特にこう伝えたい。勉強して、心を豊かにして、才能を伸ばして、働いて、そして辞めないで、と。いつも自立していることが大切。経済的に依存するのは、閉じ込められ、足かせをかけられるようなものだから。

そして、絶対に忘れないでほしいのが、時が経っても、どんな状況になっても、決して変わらない資質は優しさと寛大さだということ。

若い男性たちへのアドバイス

勇気があって優しくて、働きものの女性を探そう。〃お姫様〃やばかな女は避けること。あなたが不幸に見舞われたとたん、きっと足蹴《あしげ》にされるから。

性格というのは、年をとるにつれ、どんどん過激になっていく。塔が傾いている方向に倒れるのと同じ。25歳のときは可愛く思えた部分も、50歳ではそうは思えなくなる。運がよければ、そうなる前に別れているけれど。

もしも、好きではなくなった相手が自立していなかったら？　愛していたのはわずかな間だけだったのに、と恨みに思いながらも満足しているふりをして、一生養う羽目になる。

それが、私たちが無意識に守ろうとしている「理想の家族」の姿。

50代の女性には何を贈る？

”魔法のランプよ、「大切なのはまなざしであって、見られたものではない」とジッドは言っていたけれど、やっぱりお願い、どうか彼に思い出させて。
6月の牡丹や1月のミモザも好きだけど、いつでもサプライズは大歓迎、と。“

贈り物は、愛と資金力と気前のよさが溶け合って生み出されるもの。独りのときは贈る必要もなかったし、何ももらえなかった。でも、カップルになると、何を贈ろうかと年に何度も考える。互いの誕生日、クリスマス、バレンタイン、結婚記念日か初めて会った日……。いつも悩むけれど、自分がもらえるのはとっても嬉しい。

バッグ

50代になると、私たちは「なんでも」持っている。この「なんでも」には、どんどん劣化するものと、限りなく増えるものとが含まれる。なかでもバッグは、「持っていること」が「いらないこと」の理由にならないものの代表。ハンドバッグでもリュックサックでもショルダーバッグでも、私たちが持っている数では足りないし、足りるようになることも絶対にない。バッグは添えものではなく、非常に重要な物。

洋服

どんな服でもいいから、プレゼントして！　私の誕生日は11月の上旬なので、セールの時期に重ならない。だから贈ってくれる人は定価を払う。とても申し訳ないけれど、私にとってはメリットがある。趣味に合わなかったらいつでも交換できること。たとえば友人のコージーは7月2日生まれ。ちょうどセールが始まる頃なので、受け取るプレゼントはいつも私より数が多い。おかげで、気に入らなくても着なくてはいけない服も多くなる。

本

本は、基本的にはお金のかからない買い物。でも、価値があるのは、相手が喜んでくれる本を選んだときだけ。趣味に合わなかったり、同じ本を持っていたりすることもある。読んだことのありそうな本は贈らないようにして。そのためには、古典は選ばないほうがいい。でも、ちょっと学術的なシリーズものなら大丈夫。最近、賞をとった作品のほうがいいかもしれない。扱いは丁寧に、値札はとらないで。交換はお早めに。近頃は書店が突然、自然食品店や携帯電話のショップになってしまうから。そうした店も、時代と場所に合わせてあっという間に別の店に変わってしまうけれど。

宝石

宝石は、贈った相手を傷つけずに交換するのが難しい。でも、びっくりしたりとまどったりすることは多くても、的外れはめったにない。ただし、耳に穴を開けていないのにピアスを贈られたとしたら、その男性は問題があると思ったほうがいいけれど。

かわいいモチーフをあしらったお手軽なアクセサリーだって、もちろん嬉しい。でも、一番いいのは、いかにも格式の高い、金文字をあしらったシンプルなスエードの箱。こうした場合は隠しておくのが礼儀なので、その箱が見つかるのは、コートのポケットかレストランのナプキンの下。そこであなたは、口に手をあて、「嘘でしょう！　信じられない！」とびっくりしてみせる（頭の中では、「やっとね！」とつぶやいている）。そして、いろいろな角度から眺めすかしたあと、待ち望んだこの瞬間を味わいながら、ゆっくりと箱を開ける。ほほ笑んだり、何か問いかけたりするのは、心地よい時間を長引かせるため。そして指輪を薬指にすべらせながら、こう思う。

サイズがわかるように、家の中のあちこちにメモを残しておいてよかったわ、と。

的外れのもの

CDを贈る人は、Deezer も Qobuz も Spotify（＊いずれも音楽ストリーミングサービス）も知らない人で、まちがいなく40歳以上。ちょうど、70歳の人が50歳の知り合いにVHSを贈るのに似ている。

人はいつでも誰かにとっては「時代遅れ」で「オタク」だ。

花

年齢を数えることに関して唯一許されるのは、愛する人が年齢と同じ本数のバラの花束を贈ってくれる場合。慎みのある人ならば、年齢とぴったり同じにしない気配りを見せてくれるかも。年齢よりも数本少ないバラは、優しいウインク。エレガンスが節約にもなるなんて、めったにない。

お祝い

バースデーという特別な日には、この日のためにわざわざ冷やしたルイナール・ブラン・ド・ブラン（＊高級シャンパン）で愛する人と乾杯し、早く寝るのはどう？　そして翌朝、ひどい頭痛と共に目覚めると、年齢が一つ多くなり、残された命が1年減っている。

一つだけリクエストさせてもらうなら、サプライズのパーティはもうやめて。はっきりいって、そういう年齢は過ぎたから。ソファの後ろから、友人たちがグラス片手に笑いながら飛び出してくると、心臓が止まりそうになる。涙を飲み込み、いら立ちを隠し、無理にはしゃいでみせる。こんなにしてくれる人たちをがっかりさせたくない。でも、同じ気持ちで楽しめないのがつらい……。


こうした場合、避けて通れないのが、感謝の気持ちを述べること。エスプリを効かせながら、よく聞こえる声で、感動した気持ちを伝えるのが望ましい。ああ、親しい人には絶対に結婚しないでほしいし、死んでもらっても困る。祝辞も祈祷も聞きたくない。私はそういうものができないように生まれている。たった一篇の詩を書くのに、ペンと紙を前にたっぷり3日間はかかるのだもの。

サプライズ以外にも誕生日を祝う方法はある。招待したい人、好みのメニュー、音楽、贈り物、スイーツをあらかじめ聞いておく。備えあれば憂いなし。でも、お誕生日会も楽しいけれど、私が憧れるのは、二人だけで過ごすこと。ありきたりな場所でも奇抜なところでも、どこでもかまわない。愛し合って過ごす週末は、思い出という大建造物の中の小さな小石。でも、もう一つの輝く小石が彼の上着のポケットの中で、スエード生地の小箱に心地よく収まっていたならば、それはもう最高の誕生日。

ねえ、そうでしょう、ル・ドゥ？

クリスマスは楽しい？

クリスマスとは、飾りつけが必要なクリスマス・ツリー、全然嬉しくないプレゼント、羽目をはずすお祭り騒ぎ、乱れる食生活。そしてまた、財布にとっても個人生活にとっても総決算の季節。夏に始まった恋が終わる季節、雨の多い陰気な季節、顔色が悪くて老ける季節、そして、11月15日から12月15日の間に、「クリスマスはどうするの？」と200回聞かれる季節。

ああ、助けて！　ランプの精が、シャンパン片手に陰から現れ、こう言ってくれたなら！　「ダーリン、ここはオープンバーだ。なんでも望みを言ってごらん」と。そうしたら、こうお願いしたい。サイズ39・5の靴、バッグをもう一つ、かわいい（でもやっぱり宝石のついた）アクセサリー、宮殿みたいな名前のスパでのマッサージ、ヨーロッパの都市でのダンスのレッスン、話題のベストセラー、そして最後の、でも一番のお願いは、私の愛の物語にどんなトラブルも起きないこと……。

するといつも魔法のランプは、私をじっと見てからかうようにこう言う。「バッグをもう一つ？　32個も持っているのに？」　だから私も答える。「だって、あなたは魔法のランプでしょう？」と。

さて、がっかりしたか満足したかは別として、消費者の熱狂的な購買活動が脂っこく甘ったるい宴会と競い合う、この嘆かわしい季節をなんとか過ごしてほっとしたとき、今度は「選別」が待っている。そう、もらった贈り物の選別。すでに持っている物、気に入らない物、似合わない物、私のスタイルじゃない物……。捨てる？　譲る？　売る？　フリマアプリは的外れな贈り物の処分に向いている。

贈り物は100パーセント気に入るわけじゃない。趣味に合わなかったり、すでに持っていたり、場所をとったり、遅れて届いたり……。でも、いったいなんだろうと興味を惹かれ、中身を想像し、開けてみてびっくりして、驚きをみんなで分け合うのは楽しい。そして何よりも、ゆっくりリボンを引いて包みを開けるその瞬間、たまらないほどの幸福感を味わえる。

一つの詩や絵や歌が、ヴィトンのバッグより感動を与えてくれる。

愛に関する事柄は、私たちを傷つきやすく、争いやすく、優しく、感じやすくする。その中で、自分を見失わないでいられる？

次の章では、もう少し前に進むつもり。私たちがいつも思っているけれど、人前では決して口にはできないことについて、ベールをすっかり上げる前に、まず、裾をめくるところから始めたい。

さあ、50代の若き女性たち、ここに集まって！　離れないで！　一緒に内面の世界に浸りましょう。何もはばかることなしに。

Ce que vous avez toujours
voulu savoir sur les jeunes femmes
de cinquante ans

50代の若き女性について、ずっと知りたかったこと

Chapter 4

—

“私は幸せでいることに決めた。
そのほうが健康にいいからだ”

——ヴォルテール

こうして毎日パソコンに向かって、笑いを誘うような滑稽で楽しい話をつづっていられるのはとても幸せだと思う。こんなばかげた話を書いていられるのも、「ほかのこと」がうまくいっているおかげ。

ほかのこととは、大切で役に立つけれども、順調なときは忘れられているもの。私たちの体であると同時に家族であり友人であり、美であり健康でありスポーツでもあるもの……。

この章ではいろいろなことについて、順不同でお話しするつもり。だから、一番重要というわけではないけれど、それでもやっぱりセックスの話から始めるわね。

セックス

セックスの質と頻度は、条件によって変化するものの、その条件自体が流動的。男性の場合、セックスのうまい下手は後天的なのか先天的なのかという大論争がついてまわる。人は突然セックス上手に変身するのではなく少しずつうまくなる、という説もあれば、人は決して生まれながらにして平等ではないという説も。

セックスがとても上手な男性については、どの女性も口をそろえてべたぼめする。でも、平均的な男性、ありきたりの男性、隣に住む愛人、週末の盛り場で会っただけの男性とのセックスとなると、「素晴らしかった」から「ひどかった」まで感想は実にさまざま。

こんなに差ができるのはなぜ？　状況？　感情？　錠剤？　あるいは、肉体的な相性は、体や心が発するフェロモンという、限りなく微妙なパラメーターで変わるの？

どんなカップルでも、セックスはあったほうがいい。でも、私たちは、欲情を抑えられずに白昼に慌ただしくコトを済ませるような年齢は過ぎたので、セックスは生死にかかわるほど重要じゃない。平凡な愛と比べたら、平凡なセックスのほうがずっとまし。ただし、余白にメモしておいて。「しかし、セックスは愛に貢献する」って。

私たち50代の女性の強みは、自分の体をよく知っていること。歌詞もメロディもリズムも、なんでも。タクトが振り下ろされた瞬間から、曲がささやき、流れ込み、歌を口ずさむ。最初から、最も感じやすい部分が自然に待ち受け、リラックスしたまま、幸福と快感の中で行為が進む。

たぶん、最も高まったその瞬間、運動神経が集まって、私たちの顔にえもいわれぬ恍惚《こうこつ》めいたほほ笑みを浮かび上がらせる。天井の鏡も隠しカメラもないので確かめようがない（と思いたい）けれど、ひどくゆがんだ顔をすることもあるはず。ときどき、自分でもおののくほどの嬌態《きょうたい》をつくることがあるけれど、無理に抑えることはない。

ところで、いったん関係が始まったあと、どんなリズムでコトを行うべきかについて、ムッシュとマダムの意見は一致してる？　ムッシュの激情が、マダムを悩ませていたりはしない？　逆に、マダムの不機嫌は、ムッシュの疲労や勃起不能のせいだということは？よいか、気に入るか、うまくいくか。この三つが、二人のセックスライフの基本的な判定条件。セックスには生理学上の公式な有効期限はないけれど、時が経つにつれ、小さな不具合がたくさん出てくる。だから、50代の男女は、いろいろ忍耐しながらセックスをすることになる。

正式なカップルが、セックスのバランスをとるのに使うのが、リビドー（衝動）と睡眠と無気力の、横暴な三点均衡。リビドーは愛と幻想と、誰か親切な人がすすめてくれる栄養補助食品でキープ。睡眠不足も、早寝と短い昼寝で解決。一番危険なのが無気力。習慣によく似ているけれど、これこそが戦うべき相手。

50代の若き独身女性は、余計なことは考えたくない。何よりも欲しいのは、顔をうずめて泣くことのできる肩、つまり、精神的に支えてくれる男性。その男性が、使用可能な「突起物」を持っていたら、こんなに嬉しいことはない。一方、50代の独身男性が何より求めているのは快楽で、しかも、できれば束の間だけで、対象は若い女性。でも、若い彼女たちが求めているのは、「肩」でも「突起物」でもなく別のもの。
機会があったら男性方に教えてあげて。
「若い子たちが欲しがっているのは、お金よ」と。

創造力と想像力が大事

“魔法のランプよ、どうかお願い。……（禁止用語なのでここには書けない）。”

誰もがしていることを、見直してみたい。正常位は有効。でも女性上位はやめたほうがいい。私たちはもう下からの鑑賞に堪えられる年齢ではないから。真っ暗闇ならいいかもしれないけれど。同様に、寄木張りや井草《いぐさ》やワックスをかけたコンクリートの床に体を横たえて、長時間、膝に不規則な摩擦を与えるのも避けたい。カーペットはもっとおすすめできない。やわらかなウールは気持ちよさそうに見えるけど、高級素材も私たちの関節も、もはや昔のままではないから、きっと皮膚炎と腰痛一直線。だからもしも刺激が欲しいなら、ほかの場所を探すこと。

アダルトグッズを使うのもいいけれど、お祭り騒ぎを始める前に、ちゃんとそばに置いておいて（いざ始まってしまったら、それをつかむほど腕は長くない）。それから、置きっぱなしはだめ。家族が不快に思うから。子どもは、何歳になっても両親がセックスしているなんて認めたがらないもの。気づいてしまったり、ましてやこんな道具を見つけたりするのは拷問と同じ。だから何も見せないように。さもないと、トラウマを与えるだけでなく、親としての権威もゆらいでしまう。

眠っている想像力をよみがえらせ、ほかの選択肢を探し、基本を見直す。それから、言葉を大切に。びっくりするほど効果があるから。私の言葉を信じて。三倍の価値がある。そして、クジャクの羽根やバイオリンの弓や化粧筆を探してきて、あなたをびっくりさせるか、恥ずかしがらせるように彼に頼むの。冗談でもそうでなくても。

それからぜひともおすすめしたいのが婚姻内性交渉。「何のこと？」と思うでしょうけれど、これはいわば精神的な不倫。誰でもいいから好きな人を、頭の中に召喚《しょうかん》するの。いろいろな人が、あなたの最も内密な時間に姿や言葉をともなってやってくる。街のチーズ屋、トルコ人の仕立て屋、三階の住人、ブラッド・ピット……。

招待状はかすかなささやき。二人で暮らし始めてから日が経って、欲望が減ってきているとき、タブーを犯すのも悪くない。だって、誰の迷惑にもならないでしょう？

手足をからませ、オーガズムに達する直前、〝婚姻内性交渉〟は、あなたを絶頂に導く一押しになり、あなたに残っていた最後の品位を吹きとばす小さな火の粉にもなり、あなたの声がかすれるその瞬間にあなたの体を侵略する炎にもなる。

あなたの興奮を高めてくれるなら、誰を招待してもいい。文句を言う人はいない。でも、うまく隠せるなら、細かいことは話さないほうがいい。余計な嫉妬を招かないようにね。

オーガズムはボーナスみたいなものだから、もらえないこともある。でも、もらえないのはいつだって悲しい。もちろん、毎日サーモスタットを最高温度に設定していたら、ボイラーが爆発するかもしれない。でも、手にリモコンを持って温度を調節するなら大丈夫。だから安心して！

暑い日のセックス

もしもあなたにセックス・パートナーがいないか、スウェーデン王国かフィニステール県に住んでいるのなら、ここは関係のない話ね。あなたは暑い季節の焼けるようなセックスをせずに済むから。でも、それ以外の人たちに、強烈な暑さを紛らわすためのアドバイスを。

まず、肌を最小限、粘膜を最大限に接触させる体位をとって、お互いに、普段は見せない部分をパートナーにさらけ出す。彼の脚をあなたの首に巻きつけ、力を抜き、氷を手に取り、それでいたずらしながら、ゆっくりとお互いにオーガズムに達する。これは、投資に対する見返りを保証する、一種の暗黙の同意。

冷やしたペリエを入れた大きなグラスを片手に、心持ち長く口に含ませ、パチパチとはじける感覚を楽しみながら飲み込む。食いしん坊のためには、冷たく甘いマンゴーやパッションフルーツのシャーベットを用意してあげて。ただし、ベッドを汚さないように、食べ残しはきちんと片付けること。

それから、外の気温がどんなに高くても、内部にほとばしる激情のままにいつものセックスを楽しみたいのならば、ぜひどうぞ。その場合、冷たいシャワーを直前に浴びれば、汗ばんだ体が引っつき合うという、不快な現象を遅らせることができる。体がベタベタしてきたら、いつもより時間を短くするよう調整すればいい。たとえ気温が36度あったとしても、やめないで。

いつも注意したいのは、どこにでもついてくる鏡。鏡は私たちには制御できない部分、私たちの年齢ならば見せたくない部分をさらけ出す。あなたは隠したつもりでも、彼の目には見えていることもあるので用心して。鏡があってもなくても、古典的な体位であれば、たるみは絶対見えない。でも、いつもと違うスタイルを試した場合、あなたの思いもよらないイメージが、彼に送られてしまうかもしれない。照明が強すぎたり、暗すぎたりするときも要注意。読書用の小さなライトを枕元に置くのがおすすめ。香り付きのキャンドルもきれいな光を放ってくれるけれど、ちゃんと見ていないと危ない。そう、「火をつける」のは、比喩《ひゆ》だけにして。

P.S 私の子どもたちへ

この部分は、頭がおかしくて冗談好きな友だちが、私の代わりに書いてくれたもの。だって、わかるでしょう? こういうことって私には書けないし、そもそも、何を話しているのかもわからないわ。

「セックスフレンド主義」と愛人関係

セックスフレンドとは、場合によっては愛人にもなる友人のこと。愛のあるセックスと比べたら、最高級のシャンパンと並んだスパークリングワインみたいな惨めな存在。この合意の上での遊びの関係は、楽しい時間が過ごせればいいという気楽な思いで成り立っている。何ももたらさず、誰も傷つけない。

こうした関係を持つようになるには、さまざまな社会学的要因がかかわっている。多いのは、異性とまじめな関係を築くのが苦手な人や、泥沼の離婚で深く傷ついて身動きがとれなくなった人。

私はセックスフレンド主義には魅力を感じない。新しさも驚きもないし、求めたいとも思わない。愛人とどこが違うの？　好意しかもらえないところ。しょせんは遊びなので、リスクがあってもなまぬるい。

これに対して、愛人関係にはルールと権利が存在する。だから、軽い浮気だったのに、寂しさが募ると、隠れた愛が戦争に変わったりもする。「大人同士の合意の関係」だったはずが、うっかりルール違反を犯し、次第に「残念だわ、ブルゴーニュ風牛肉の赤ワイン煮を作ったのに」というメールを送るようになり、ついには攻撃的で後戻りできない行為（相手の妻に電話をかける、匿名の手紙を出す）にはけ口を求めるようになる。

あなたの恋愛遍歴を教えて

女性は誰でも、恥ずかしい過去を持っている。それはたとえばこんなこと。とても短かったお付き合い（一回だけね）で、相手は人には絶対に知られたくない男性で（「そう言ったのは彼のほうでしょ?」)、ものすごく強い風が吹いた日(「うわあ、ものすごく昔の話!」)、誤解があって(「タクシーがつかまらなかっただけ」)、彼にしつこく誘われて(何が目的かは言わないけれど)、なりゆきにまかせてしまった(「偶然の巡り合わせってやつね」)。

誰かに何か聞かれたら、どう答える?

ちょっと嘘をつく(「最後までは本当にいかなかったのよ」)。

正当化する(「サン・ジュリアンを飲みすぎちゃって」)。

下手な言い訳をする(「ほかの男に浮気された仕返しなのよ」)。

徹底的に否定する(「誓って言うけど、何もなかったわ」)。

どうでもいい話に変えてしまう(「そうだったかもしれないけれど、記憶にないの」)。

でも、覚えておいて。隠してもいずれはわかってしまう。世間は狭いから。

ところで、「女性は誰でも」と言ったのは、男性はそうではないから。私が見たところ、男性は性欲を満たすためだけのセックスを恥ずかしいと思わない。たとえ相手が、そのへんで一番みっともない女性だったとしても。ムッシュが女性の神秘をかき混ぜているとき、名誉になるのは、どんな女性を征服したかではなく、何人征服したか。ただし、その中に、知られた名前があるなら別だけど。

そう、嫌な話だけれど、セックスすることで価値が上がる相手もいれば（ブラッド・ピット、ジョージ・クルーニー、ベンジャミン・B……）、引きずり下ろされる相手（幸いなことに、知れわたることはない）もいる。私たちのイメージは、過去につきあったか、現在つきあっている相手に左右される。だから、もしもあなたがハリウッドスターや地元の名士といった「セレブ」とつきあっていたらしいとなったら、いきなり人気が高まって、招待状が雪のように降り注ぎ、ためらっていた男たちも恋に目覚めるはず。

知り合いの50代女性は、感じがよくて、決まった相手を持たず、徹底した独身主義者だけれど、関係した相手の名前を聞かれるままに教えてくれる。どうしてなのか、最初はわからなかった。でも、ある有名な政治家が、そのつもりはなかったのに、ある晩彼女と帰ったと聞いて理解できた。彼女は誰かを惹き寄せるために、別の人間を利用するのだ、と。

数か月前、彼女がカフェ・ド・フロールで一杯いかがと誘ってくれた。（ちなみに「一杯」と言ったけど、彼女はボトルを注文した）。私と楽しみを分け合いたいのかしら？もしかしたら、うっかりして、セレブの連絡先がぎっしり書かれた手帳をくれるかも……。彼女の口から名前が一つ出るたびに、私の目は少しずつ大きく見開かれていった。

「まあ、そうなの？　彼もなの？　長いの？」と。

するとと突然、彼女が尋ねてきた。

「それであなたは？　これまで寝た相手で、一番有名な人は誰？」（誓って言うけど、彼女は本当にこう言った）

私「ええっと」

彼女「『ええっと』って？」

生涯でただの一度もセレブと関係を持ったことがないというのは、彼女にとって信じがたいほど非常識なことらしかった。アルコールで血走った目に憐れみを浮かべて私を見ると、彼女はグラスを急いで飲み干し、さっと立ち上がって、約束があったのを忘れていたわと言った。それからもう一言、「お財布も忘れたわ」と。

私たちは「また近いうちにね」と言い合って別れた。

それ以来、一度も会っていない。

別れた相手が現れたら

あなたが恋愛モード全開になり、「大切な人」に過去を知られまいとしているそのときに限って、どこからともなく突然現れるのが「別れた相手」。ツイッターやリンクトインン（一番有害）をぐるぐるかき回して、彼らが浮き上がってきたところを網ですくってポイっと捨ててしまいたい。

彼は、共通の友人たちの中にあなたを見つけると、満面の笑みを浮かべて近寄ってくる。「大切な人」を紹介すると、早速思わせぶりにウインクをよこすのでイライラする。過去をほのめかしたりしないでほしい。

そもそも、別れた相手というのは、地球から消え去ってほしい存在だ。少し言葉を交わしただけで、どうして別れたのかが思い出せる。私の場合、これまでつきあった相手の中には、自慢できる人も少しはいたけれど、それ以外の男たちに関しては、過去を認めるくらいならいっそ死んだほうがましだと思っている。人生のある時期、男性の趣味がものすごく悪かったのは確か。

でも、ねえ、白状して。誰だってそうじゃない？

もっとも、別れた相手にも、いいタイプと悪いタイプがいる。

いい「別れた相手」は、あなたにふられて傷ついたけれども、自尊心を失わず、あなたが若く美しく、それゆえに傲慢に彼を扱った日々を懐かしく思い出せる男性。

悪い「別れた相手」も、事情は同じ。でも、すべての状況が正反対になる。はっきり言えないけれど、皆さんわかってくれるはず。

いい「別れた相手」の場合、別れは穏やかに行われる。わずかな予兆のあと、高級レストランでのディナー。食前酒を味わって、フォークを口に運ぼうとするそのときに、突然！　まるで整形外科医のように、素早く正確に、そして恥じ入るように彼は言う。「君はもっと愛されるべき人だ」と。言われた側は、こんな感動的なせりふは自分のほうから言えばよかったと自己嫌悪に陥る。そして傲慢さが霧になって蒸発したら、そこにはおそらく友情が生まれる。

10年後、いい「別れた相手」はいまもそばにいる。追い払うのはあきらめた。もはや家具の一部。彼は「大切な人」に軽くキスをする。パーティにはいつも来て、ワインをテーブルに並べてくれる。「大切な人」は嫉妬しない。それが彼のささやかな欠点。

家族

50代は、家庭内で大きな変化が重なる時期。解決するものもあるけれど、だいたいは悪くなる。子どもは独立し、親は老いていく。でも、元気を出して。思い出だけにとらわれないで、前を向こう。

子どもたちはどこにいったの？

”魔法のランプよ、どうかお願い。25年前の授業参観に私を連れ戻して（今度は遅刻しないから）。“

長い間、家の中には子どもたちの存在が満ちていた。泣き声、笑い声、叫び声、物音、空気の動き……。子どもたちが小さかった頃、愛しているとちゃんと伝えた？ つまらないことで、叱ってばかりいなかった？「テレビの音を下げて！」「ゲームはやめなさい！」「お菓子を食べすぎでしょ！」「喧嘩をしないの！」……。

月曜日の朝、ナニー（＊シッター）が来てくれたとき、子どもたちを学校に送り届けたとき、どれだけほっとしたことか！ いま思い出すと心が痛い。週末がもっと短ければいいのに、お昼寝をもっとしてくれればいいのに、と願ってばかりいた。だって、仕事とストレスに押しつぶされそうな1週間のあと、小さな子ども二人の世話をするのはとても大変だったから。公園に連れて行く、見守る、仮装させる、遊びにつきあう、つまらない人形劇を一緒に観る……。それよりも、独身の友だちとショッピングに行きたかった。ダンスのレッスンに行きたかった。ううん、何もしたくなかった。だから、どちらがみるかで夫と喧嘩し、いつも時計を気にしていた。「ああ、昼寝が終わっちゃった！ もう起きてきた！」って。

そして、ある日、子どもたちは大きくなって出て行った。そう、行ってしまった。

もちろん、そう仕向けたのは私たち。だから喜んでいるふりをする。でも、わかるでしょう？ 人は心とうらはらのことを口にするもの。突然、家の中が、がらんとなった。子どもたちのたてる騒音がなくなると、あんなにイライラしていたものが懐かしくなる。ドタバタもごちゃごちゃも、そして笑い声さえも、すべてが彼らと一緒に立ち去った。

それからは、私たちが彼らを追いかける。顔を見せてほしいと願っている。さまざまなお祝いごとから、めったに行かなくなった旅行まで、少しでも一緒にいたくて誘いをかける。ちょっとはつきあってくれるけれど、時計を気にするのは、いまは子どもたち。彼らはとても忙しく、その生活の中に私たちの居場所はないから。私たちにはもう発言権はない。教えてもらえるのを待っているだけ。

子どもたちにとっては迷惑でしかないこの愛情をどうすればいいの？

犬を飼う、猫を飼う、愛人をつくる、薬に頼る……。いずれにしても、子どもたちがもういないこと、めったに帰ってこないことに慣れるには、時間が必要。

そして、しばらくして生活のリズムと習慣ができた頃、改めて子どもがいない時間の重みを味わうことになる。ネルのパジャマを着た子どもたちが、食事に来ていた客にお利口におやすみなさいを言ったからと、親がほめられた時代は遠い。人前でだだをこねられると、引け目を感じた。でも、誰かが育児の悩みを打ち明けると、皆が次々と自分の失敗談を語ってくれた。一人前の母親になれないという無力感に悩まされているのが自分だけではないと知って、どんなにほっとしたことか。精いっぱいやっていると自分に言いきかせることで安心できた。でも、わかっている。本当は、もっとできたはず。

ほんの少しだけ、昔に戻れたなら？

公園で人形劇を観せてやりたい。いまなら時間はたっぷりあるから。

それはもう無理なの？

いま、子どもたちは遠くてぼんやりした存在。いるけれども、いない。どうしているかと人に聞かれたら、あっさりと、でもちょっと誇らしげに、どんな仕事をしているかだけを答える。「まあ、すごいのね」と言われるのを期待して。

子どもたちに不満は言わない。もっと電話しなさいとも言わない。ただ、「元気？」と聞くか、声をかけるだけ。それ以上は何も言わない。そう、言わないようにしている。

だって、最後に自分の親に電話してから、もうどのくらい経つ？

老いた親をどうする？

輝かしき50代になり、大きな変化――破局、離婚、仕事の不振、子どもの独立、恋人をつくっては別れての繰り返し――に直面し、しかもそのほとんどが解決していないときに、今度は親の問題がやってくる。

30歳までは、子どもが親にとっての悩み。でも、50歳を過ぎると、親が子どもの問題になる。親がずっと自立しているならば、どちらにとっても幸せ。でも、親が老いの坂道を転げ落ちてしまったら？　高級老人ホームか、一番近いEHPAD（＊高齢者居住施設）に登録する？　24時間在宅介護を利用する？　ヘルパーを派遣してくれるように、市の福祉課に頼む？　そうでなければ、親を自宅に引き取る？　もちろん、子どもには親を支える義務がある。でも、一緒に暮らすとなったら、これは家族の問題。半分要介護となった親を引き取るのは、実の両親だったら悪い夢（例外あり）、義両親だったら悪夢（例外なく）になる。

子どもたちが小さい頃、まだ元気な義母が面倒をみてくれたなら、とても運がいい。でも、そのあとで、義両親が二人そろって死んでくれたなら、もっと運がいい。「そんなこと言うなんて、ひどすぎる！」と私を責めるなら、あなたの「ご身分」を教えてくれる？

ああ、なるほどね。だったらあなたにはわからない。放っておいて！

兄弟姉妹が多くて、しかも資産があるなら恵まれている。解決策はたくさんあるから、家族会議を開いて決めればいいだけ。

でも、そうでなかったら？　普通の人はどうすればいいの？

いずれにしても、あなたが50代ならば、両親がものすごく元気なはずはない。頭か足が弱っているか、もしくはその両方がやられているか。それならば、悪いところには目をつぶり、いいところだけを見て明るくふるまえばいい？

ちょっと待って、私にはそれが難しい。同じ心配ごとでも、愛や年齢やシワやみかん肌のことなら軽くユーモアで包んでもいいけれど、老いた両親を見て楽しい気分になれというのは無理な話。

健康問題は毎日のことで、終わりがない。終わるにしても、長く引きずったあげくのことがしばしば。悪い考えを持つのはいけないけれども、親が身も心も崩壊していくのを、なす術もなく見ていなくてはならないのはつらすぎる——。

そんなある日、私は彼らを見る目を大きく変えた。心配するのも不満に思うのもやめて、親を評価するのを自分に禁じた。私は両親をあるがままの人として見つめることにした。彼らは年老いて、無防備で、自分たちの世界に閉じこもり、相手が誰だろうと同じ話を延々と繰り返す。過去が、じわじわと現在に侵食しているけれども、その現在もごくわずかなプライベートの部分のみ。「野菜のスープができた」「猫がテラスにいる」「カメを3日前から見てない」「今朝、従姉が来た」「まだ生きているのはあの人だけ」「友だちはみんな死んでしまった」……。新聞では死亡欄を真っ先に読んで情報を仕入れ、知人の葬儀が最後に残された社交場になる。

私が親に会いに行くのは、彼らと私の良心を満足させるため。話を聞くか、あるいは聞くふりをするのは、彼らが私たちのために使った時間を返すことだ。それは記憶に溶けてしまったような、前に進まない時間。親は私たちの気を引こう、同情させようとするけれど、そんな気持ちになれずに、せめて同情しているように見せかけようと努力する。

親が壊れていくのを見ると、これまであったものがなくなるのを痛いほど感じる。同時に、親が遠くなったことも。彼らはもう、私たちのことを話さない。私たちがどんな子どもだったか、どんな大人になったかを、1秒たりとも話さない。話すのは自分のことばかり。私たちは、コントロールできなくなった彼ら自身の照り返しにすぎない。そして驚かされるのは、もはや無関心になってしまった「死」について、親たちが皮肉な物言いをすること。

こんなになってしまった親を、どうすれば許せる？　なんとか治ってほしいと、あらゆる精神科に通った数年間をどう思い出す？　記憶をもっとなめらかに、思い出をもっと甘くするにはどうすればいい？　親に対して、尊敬と感謝だけを持ち続けるには、いったいどうしたらいいの？

50代ならば、親とは仲がいいはず。自分たちの失敗を親のせいにできる時代は過ぎたから。50歳を越えたいま、すべてが私たちの責任。

結婚がうまくいかなかったのは、親の教育のせいじゃない。親が弱ってしまったいま、彼らのせいでノイローゼになったからと、高額な医療費の請求書を見せるのは論外の行為だ。

私のときには、自由に死ねるように、薬入りのカクテルをつくってほしい。本当に必要なときにしか使わないから（どこにサインするのか教えて）。それとも、きついドラッグで甘美な夢を見ながら人生を閉じるのもいい。

でも、老人ホームに入るのは絶対に嫌！　ホームで車いすに乗っている母を見るたびに、胸が張り裂けそうになる。たとえ母が、似たような状態のお仲間と塗り絵や人形作りを楽しんでいるように見えたとしても。

コカインを使うのがいいかもしれない。そうすれば、ずっと笑顔のままで、意欲も活力も失わず、新しいブログ"Happy Octa"（＊「楽しい80代」）をつくって、楽しいメッセージを書き続けることができそうだから。

親と仲直りして、愛していると伝える

昨年、父の家を訪ねた。父は、89年来この村に住んでいて、母が老人ホームに入居してからは独り暮らし。ときどき支離滅裂《しりめつれつ》になる言葉には行き場のない怒りが込められていて、楽天的な生き方しかできない私にとって、訪問は試練だった。いつも喧嘩になって、4日間以上滞在できたことはない。父娘での食事も、向き合うどころか避けたいひとときになっていた。

その日、いつものように父が乱暴な口調で非難を浴びせてくるのを聞いていた私は、その場を立ち去るかわりに、父に近づき、耳元でそっとささやいた。「パパ、愛してるわ」と。

そんなことを言ったのはどうして？　父はいったいどう思った？

不平の洪水を止めるにはそれしかないと思ったから。

そして、どうなったかというと……うまくいった。

父は黙った。一瞬、静寂の時が流れた。

呆然としたまま私を見たあと、父は抱きついてきて、泣きじゃくりながら、こう言った。「どうしてもっと早く言ってくれなかったの、ママ？　どうして？」と。

まちがっていると教えることもできた。私はあなたの母親じゃない、娘だと。でも、受けた衝撃が大きすぎて、何も言えないままだった。頭の中をいろいろなものがよぎっていった。愛されなかった子ども時代、父の人生、私の人生……。そして悟った。体験しなかったことを伝えるのは不可能なのだと。私は身じろぎもできずに立ち尽くしていた。

まさにその瞬間、子どもたちのことを思った。我が子への狂おしいまでの愛情が全身を貫くのを感じていた。

「スピリチュアルとは？」

トレンドの生き方は、「いま」にしっかり根を下ろして、十分に生きること。心理学の雑誌も、新しいコーチも、マインドフルネスの講習を受けている友だちも、あらゆる形での自己啓発に力を入れている。その実践方法は、全神経を集中し、体全体で呼吸をし、感情と苦悩と存在のすべてを受け入れて、精神と共存すること。

ところが、私はいつもこの親密な瞑想の最中に、どうでもいいようなことを次々と思い出し、集中できなくなってしまう。だから、感情を整理して、重要ではないことを意識の下に追いやり、思考をできる限り高く、天井に届くほどに昇らせようとするけれど、いつもできずに終わる。

瞑想体験

講習が行われたのは、ノルウェーで勉強したというペルー人の女性二人が経営するレストラン。とても素敵な内装にしつらえられていた。プログラムはセビチェ（＊ラテンアメリカで食される魚介類のマリネ）と瞑想のレッスン。〈私の体に住む〉という奇妙でぶしつけなタイトルがつけられたCDのプロモーションのために、女性誌が数人のインフルエンサーを招いていた。

瞑想のレッスンと相性が悪いのはわかっていた。不確かなものをまじめに考えるのはすべて苦手だから。でも、友人に誘われて参加した。

両手を膝に置き、背筋をぴんと伸ばし、注意深く耳を傾ける。息を止め、眉がぴくぴく動きそうになるのを講師に見つからないようにしながら、笑わないように我慢していた。

はっきりわかったのは、瞑想はあらゆるユーモアを排除すること、そして信奉者たちもそれを当然としていること。そこは、笑うためではなく、感覚を意識するため、自分と他者を感じるための場所だった。「ほかの人を感じますか？」と講師が尋ねる。私は唇をかみながら考えた。ほかの人たちはどうやって笑わないようにしているの？

講師は、目を開けて一点を見据え、私たちにも同じことをするよう促した。黄色いジャケットに合わせて、黄色い靴を履いている。紳士用の黄色いジャケットなんて、いったいどこで売っているんだろう。いや、それ以前にそれを買う人なんているの？ いた。私の目の前に。

こうして私の精神は逃げ出した。いったんこうなったら、もう一度集中させるのは難しい。特にこの黄色い靴が気になってしまっては……。講師の名前は、ある薬と同じだった。そんな小さな発見に気持ちが落ち着く。彼は何冊ものベストセラーを著し、瞑想を学ぶ学校をつくって成功している。そこでは、「いかにして博愛を実践するか」と題した6日間のセミナーを受講できるとか。黙っていても威厳《いげん》を感じさせる人物で、異論など一切寄せつけない雰囲気をただよわせていた。うっかり「瞑想は何の役に立つんですか？」と質問した女性は、激しく機嫌を損ねてしまった。

「自分の質問がどれだけ暴力的か、わかっていますか?」と講師は言った。

(シーン……沈黙)。

「どうして役に立つことを望むのです? どうしてあらゆるものが何かの役に立たなくてはいけないのです? どうして実用的な側面から物ごとを追い払うことができないのですか? それから、瞑想を道具として使おうとしてはいけません。瞑想そのものに喜びを見出すのです」

質問の時間は終わった。また瞑想タイム。

講師の指示が聞こえる。言葉を受け止めなさい、自分の感情を受け入れるのです、自分の完全な存在を探りましょう、さあ、自分の体に挨拶をして……。その声に導かれ、言われるがままにすべてをやった。藻に変身し、流れと結婚し、手綱《たづな》を緩めて、精神を飛び立たせる。感情が溶け、意識を全開にする中で、計算をせずにいられなくなった。

この講師はいったいいくら儲けているのだろう? 著書、CD、学校、セミナー、企業研修、たぶん関連グッズも、それからきっと、マーチャンダイジング、ドキュメンテーション、ライセンス、Tシャツ……。精神を集中させたので、頭にビジネスプランが浮かんだ。なんでも道具にしようとは思わないけれど、でもやっぱり、抜け目のないビジネスマンはチャンスをうまくとらえるもの。

ル・ドゥは明日1日、断食する予定だけど、今夜から、この瞑想のCDを聴くことになることをまだ知らない。

「博愛をもって私たちの体に住みましょう」と提案してみよう。きっと賛成してくれる。プログラムには5時間かかるので、やりながら何かのビジネスプランを練れるはず。

シンプルなものに小さな喜びを味わう

手の届くところにシンプルな喜びがあるのに、どうしていつも複雑な苦しみのほうに惹かれるの？　私たちの身近にある細かなものを毎日観察して、何一つ見逃さないようにしよう。そうすれば、これまで気づかなかった、いろいろな楽しみを見つけることができる。

平凡な日常に魔法をかけるのは、まさに至福の喜び。だから、胸に何かがつかえてとれないときは、身の周りにある、ささやかなことを楽しむようにしている。

朝日の中で目覚める、よい香りに気がつく、記憶を探る（ええと、どこかで会った人だった?）、料理をよく味わう、好きな人のことを考える、お店の人に「ほかに何かいかがですか?」と言われるのを楽しむ、通りのむこうを見やる、忘れられそうにない光景を目に焼き付ける、この限りなくひそやかなゆっくりとした観察の営みにうっとりする、頭つでも。

を上げて美しいものを発見する。1日に一つ、心に残ったことを書きとめる。いいえ、二つでも。

それから、人生が与えてくれるすべてに満足する、そして何よりも、他人の優しさに「感動」する……。ここまで書いたら、ちょうど感動することが起きた。1日の大半をこの家で過ごしている思春期の少女が、日本茶とチョコレートクッキーを持ってきてくれたのだ。自分からしてくれたことなので、その好意がとても嬉しかった。でも、そうね、彼女が優しいのは当たり前。ル・ドゥの娘だもの。

こんな話をしていたら、友人のクロエが、街でほほ笑みを振りまくのが世の中のためになると話してくれた。「振りまくって、誰に？」「すれ違った人に、よ。ものすごく効果があるから、やってみて！　これは感謝の気持ちを世界に広める方法なの」。クロエはとても美人。だから、道ですれ違っただけなのに、わけもなく、でも明らかに自分に向かってほほ笑まれた男性は、さぞかしドギマギするだろうとおかしかった。

でも、ストリートハラスメントや同意のあるなしが盛んに取りざたされているいまの時代、これって本当にいい思いつき？

私にはまだ、他人を幸せにしようとする心構えができていない。

流行

”魔法のランプよ、どうかお願い、絶対に太りませんように！
エディ・スリマンがデザインしたディオールのスーツをずっと着たいから。セールの初日に頑張って買ったあの服を。“

どうやって選別すればいい？

どんな服を着るか、参考にするのはメディアと世間と友だち。ここに最近加わったのが、予算（これがなかったら何もできない）と自分に対する見方。

50代になると、体や流行や服との関係が20～30代の頃とは変わってしまう。たとえばレギンス、ミニスカート、ロングブーツ、ノンワイヤーブラ、背中見せトップス（ブラジャーなし）……。これらを着ていいのは何歳まで？

もう若くないから無理だと言ってくれるのは誰？ 仲のいい友だち？「ねえ、ロングブーツとミニスカートはせいぜい40歳までだと思うわ。それに、サイズがM以下の人じゃないと難しいわよ」と言ってくれるのは？

本当に客観的で中立で親切な意見を言える人はなかなかいない。

遅かれ早かれいつかは、あるいは少しずつ、私たちは娘時代のファッションをしなくなる。それなのに、スウェーデンやスペインのメーカー（＊H&MとZARAのこと）があまりに巧みに売りつけるので、結局、タンスは絶対着ない服でいっぱいになっている。

いまでは、最近買った「どこにでもある服」と、私の個人的な歴史を経てきた服とが交じり合い、積み重なっている。長い間ぎゅうぎゅうに詰め込んできたので、どうやって片付けたらいいのかわからない。というよりも、もはや片付けられない。こんな役にも立たない流行遅れの古着を捨てられない理由は、ブランド品であるか、思い出を引きずっているかのどちらか。

たとえば、2002年にもらったアライアのスーツ。見るたびにセンチメンタルな気分になるのに、どうして捨てられる？ サイズ36のパンツも同じ。30年間着ていないけれど、いつかまた、息を止めなくてもはけるようになるかもしれないでしょう？

増えていく年齢にも、変わっていく流行にも、気をゆるめるとすぐに丸くなる体型にも、そして進化する私たちの職業活動にも合わない服とは、お別れしなくては。どうやって？　それがとっても難しい。空き巣が入ってくれたらいいのに。
そうすれば、どうするあてもない衣類のすべての処遇に関する意思決定力不足の問題を解決してもらえる。なにしろ、絶対に着ることのないこれらの服は、出て行きたがらずにハンガーにしがみついているのだから。

一番いいのは売ること。詰まっていたたんすがすっきりして、お金も入るから、一石二鳥で、ちょっとした贅沢も許される。また、専門サイトに買い取ってもらう方法もある。ただし、全部ではない。もしかすると、お気に入りだったケンゾーのアンサンブルを慇懃《いんぎん》に断られるかもしれない。「申し訳ございませんが、このお洋服はお引き受けいたしかねます。私共のお客様がお望みのものとは少々傾向が違いますので」と。要するに「あんたの流行遅れの服なんていらないよ」ってこと。

ネットで売るとなると、時間がかかる。写真を撮って、品物の説明をして、同じタイプのものと比較して、値段を決めて、そして、待つ。捨てるのも賢いやり方。怠け者に向いている。はみ出したものをすべて100リットルのごみ袋に入れ、ぽいっと歩道に投げ出すだけだから。

でも気をつけて。勢いにかられて捨ててしまうと、後悔することになる。

この「後悔する」のが怖くて、私たちはなんでもとっておく。だから古い服を処分したければ、後悔してはいけない。そう、愛と同じ。「服を捨てるとは、決して後悔しないこと」。

それよりも、誰かにあげるのはどう？　あげてしまいなさい。喜んでもらえるし、感謝されるのはいつだって嬉しい。そして、それもできないなら、地下室に放り込む。いつか（たぶん次に引っ越すとき）、引っ張り出せばいい。希望的観測によれば、そのときにはきっと、売るか捨てるかあげるかを決められる。

最近気がついたのは、年をとるにつれて購買意欲が下がること。前ほどセールが待ち遠しくなくなり、ショッピングにもそんなに行きたいと思わなくなる。むしろ、「あら、もうセールの時期なのね」と季節の風物詩としてとらえるようになった。しかも、服を減らそうとして超人的な努力をしている。それなのに、私は服を買い続け、爆発寸前のクローゼットと、いっぱいになりすぎてもはや役目をはたしていない整理だんすの前で呆然と立ちつくす。

ところで、いつも同じ服しか着ないのなら、地球を疲弊させてまで、ウールやコットンを生産する意味なんてある？　服をため込まないのがいまの流行。私もいくつかのお気に入りの服を持っていて、それを着ているととても気分がいい。なぜなら、私の年になると、自分の「スタイル」ができていて（私にもできているかは自信がないけれど）、似合う服や着たい服がわかるから。私にとっては、ジーンズとセーラーブラウスとジャケット。気温によって素材と袖の長さを選び、歩く距離によってヒールのある靴にするかどうかを決めている。

原色を着る50代の若き女性

コージーは50（プラスいくつか）歳で、私が知る限り最も素敵な女性の一人。美人で面白くて明るくて、そのユーモアとエスプリで、どんなに暗い場面もパーティのようにしてしまう。ムラのない機嫌のよさは、受けた教育や礼儀や気配りからくるもの。彼女はそれを惜しげなく人々に与える。噂話はせず愚痴も言わず、人の悪口は決して口にしない。そしてもう一つの特徴が、色ものの服しか着ないこと。

いまの社会で、圧倒的な人気があるのは黒。白状すると、私も考えるのが面倒だからという理由で黒ばかり着てしまう。けれどもコージーは、カラフルな服を着てもエレガントでいられることを証明してくれる。時代にあえて逆らって、個性的で楽しいスタイルを選ぶ。色は活力と輝きの源。最近のセールで買ったのは、鮮やかな緑色のコート、黄色いパンツ、ショッキングピンクのセーター、ブルーの上着……。要するに誰も買わないような服。色は顔色をよく見せてくれるし、遠くからでもすぐわかる。しかも、覚えてもらえるから便利なの、と彼女は話す。

コージーはイギリスのエリザベス女王みたい、と私は思っている。

50代の若き女性はどんな下着をつける？

母は50歳のとき、もうウエストシェイパーをつけていた。はいているショーツは、腕のつけ根に届くくらい大きくて、とても奇妙に見えた。こうした下着がベランダに干されて風にはためくのを眺めながら、私も母の年齢になったらこんなものを身につけて、子どもや夫や愛人たちに恥ずかしい思いをさせるのかと思ったものだった（想像をめぐらせただけで、母に愛人がたくさんいたわけではない）。

いまも、50代の若き女性はときどきストリング（＊紐になっているTバックショーツ）を身につける。恐ろしいほど不快ではあるけれども、そもそもストリングとはそういうもの。だから、使う場面は限られている。踊るとき、白いリネンのパンツや体にぴったりしたスカートをはくとき……。ストリングに一番価値があるのは、見えないけれども想像させるとき。でも、これはちょっと矛盾している。ストリングの最初の目的は、体の線を見せないことのはずなのに。ここだけの話だけれど、それは、私たちがはき込みが長めだったり、ワンサイズ上だったりのショーツをはくのと同じこと。

子どもだった私の目には、母のブラジャーはインディアンのテントに見えた。でも、もちろん、実物よりずっと大きく見えていただけ。母はそんなにふくよかだったわけではないから。この円錐形の物体は、肌色に近く、光沢のあるなしが異なる二種類の素材からつくられ、木材に似ていた。ああ、ママの「クール・クロワゼ（*ブラジャーのブランド）」について、こんなプライベートなことを細かく書いてしまってごめんなさい（1950年代か60年代に生まれた人か、マドンナやジャン=ポール・ゴルティエのファンならわかるはず）。デザインが限られていたのは、田舎だったから。

それでは、いま、私たちのブラジャーは何に似ている？

まず、はっきりさせておきたいのは、豊胸手術に頼る必要はないこと。私たちの胸はここ数年で大きくなっている。スポーツで鍛えたり、拒食症を患ったり、悲恋《ひれん》に打ちのめされたり、外科手術を受けたりしていなければ、50代の女性のほとんどが、ブラジャーのサイズを変えている。AからB、またはBからC。これを不満に思う人はごくわずか。私たちにとってもパートナーにとっても、こうした変化ならば嬉しい。

私の下着用の引き出しは、私のクローゼットと同じで、気まぐれにできている。90パーセントを占めているのが、うっとりするようなレースをあしらったブラジャーとショーツのセット。私だけでなく、彼も気に入っている。つけ心地の悪さは保証済みなので、着用（特に日中の）には向いていない。だから、特別なときのために取ってある。そして残りの10パーセントは、着るけれども人には見せない下着。これはちょっと人間の脳に似ている。脳も活動するのは10パーセントだけで、あとはお飾りらしいから。

普段使いの下着はどんなものかというと、ショーツは小花柄のコットン。結婚したときよりもワンサイズ上で、ブラジャーとはまったくそろっていない。そしてブラジャーは特殊素材で伸縮性が高く、私の胸がすっぽり収まる。

結論　50代の女性は、胸の形は完璧で、ヒップの線は絶対に見せない。

美容

”魔法のランプよ、どうかお願い。
新しい化粧品が発売されたら、私だけに知らせて。
ほかの人には、ずっとずっとあとになってから教えてあげて。“

20歳のときに人目を引くのは、みずみずしくきめ細やかな肌と、すべすべの目元。50代で必要になるのは、心と視線と魅力とエスプリ。お金をかけなくても、ユーモア、優しさ、上機嫌、聞き上手、穏やかさ、知性が、おのずと年齢をつややかにしてくれる。50代になると、生きてきた過去と現在の状態が混ざり合って顔に出る。日焼けしないようにしてきたかどうか、たばこを吸ってきたかどうかで、違いがはっきり表れる。

もっとも私としては、いまの肌の状態は、化粧品にお金をかけたからこそと思いたい。なにしろ、ラ・デファンス（＊パリ近郊の新開発地区。超高層ビルが建ち並ぶ）にワンルームマンションを買えるくらいのお金を注いできたから。でも、年をとるにつれて少し落ち着いた。いまは、美容クリームを基本にしている。乾いたもの（たとえば革）に油を塗ると、表面が必ずしなやかになる。だから私は毎日、クリームを塗る。厚くて脂肪分が多いから、むしろポマードと呼んだほうがいいかもしれない。塗りたくって、テカテカさせる。朝の10時より前に、私の頬にキスした人は「べたついている」と感じるはず。でも、潤いを実感できるので、私はとても気に入っている。

ある日、私は天から啓示を受けた。いいえ、勘違いしないで。肌の修復や保護、アンチエイジング、唇の再生……。こうしたすべてに効くような魔法の薬を手に入れたわけじゃない。ただ、当たり前のことを悟っただけ。化粧品は値段が高ければ高いほど効果も上がるわけではないことを。高価な化粧品に納得できるのは、容器の色が浴室のタイルと同じだったり、謳う効能があまりに現実離れしているときだけ。

アドバイスするなら、本当に必要なものだけを持つこと。つまり、ミセル水、クレンジングオイル、昼夜兼用クリーム、それから、日焼け止めクリームとボディ用乳液。欠かせない道具としては、ヘアピン、毛抜き、いろいろなサイズの筆、爪切りバサミ。

あらゆる種類の化粧品をそろえなくては、と思うことには夢がある。夢は、必ず役に立つとは限らないけれど、いつだって必要だ。だから私は定期的にセフォラ（*化粧品や香水の専門店）に行って、最低2時間はたてこもる。そして、ファンデーションを塗り、香水をふりかけ、パウダーをはたいて出てくるときは、欲しいと思える製品に出会えたこと、名前も効能も香りも肌触りもパッケージもすべて気に入った製品を見つけたことで、とても幸せな気持ちになっている。効果があるとは限らない？　もちろん、わかってる。でも、いいでしょう？

拡大鏡は一つあれば十分。一番残酷な美容グッズだから。知らなくても済む現実を暴き立てるので、精神的にもろい人は浴室に置かないほうがいい。これは大げさに言っているわけではなくて、本当のこと。拡大鏡（最低で7倍）は、抗うつ剤か強心臓がなくては使えない。でも、あえて言わせてもらうけど、カバーをかけてしまってはだめ。細かな部分には、他人より早く気づくほうがいい。たとえば、ニキビ、血管腫、ホクロ、あざ、埋没毛……。

でも、何よりも50代の女性にとりついて、頭をおかしくさせる強迫観念は、大挙してやってきて、年月と共に強くなり、絶えず増え続けて、落ち着かせるには外科用メスかレーザー光線を使うしかないもの。つまりムダ毛。幸いなことに、神は限りない慈愛《じあい》の御心で、50代の人々が老眼になるように仕向けてくださった。

50代になって、半年ぶりに会った友だちが若々しく見えたなら、「元気？」「どうしてる?」のあと、5分と経たずに聞いてしまうことがある。「何かやってるの?」。

あなたがこう聞かれても、絶対に打ち明けてはだめ。不倫と同じように隠すこと。

「何かしてるの? 何? ねえ、何よ!?」

「ううん、してないわよ。ホント、絶対、何もしてないって」

「じゃあ、愛のおかげ?」

「たぶんね」

〈くそっ、ル・ドゥのやつ……〉と友だちは心の中でつぶやく。

あなたが何をしようと、他人には関係ない。だから、絶対に教えてはだめ。

でも、この本は「告白」の寄せ集めなので、私もごく最近の体験を打ち明けるべきだと思う。それは本当にささやかで、何もなかったのと同じで、ええと、ほんのしるし程度に針を刺したこと。どうして、そうしようと思ったか? それは、礼儀から、愛から、おしゃれから、敬意から、自分を最大限に利用したいから、つまり、あなたが思うような理由から。「何も」しないと、友だちのおばあさんに見られてしまうのでは、とずっと気になっていた。でも、するといっても「少し」だけ。そう、あえて言うなら「ほどほどにやりすぎるくらい」。もしも矛盾形容法がお好きなら。

針がまさに私を貫こうというその瞬間(ル・ドゥは大げさだと言うけれど)ドクターに

こう言った。「やったことが、絶対に人にわからないようにしてください！　お願いします。お支払いはしますから、何も（ほとんど）しないでください。何かしたと思わせてくれればいいです。そうだ、水でもいいわ」。頭がおかしかったかも!?

落ち込んでいる日には、皮膚科に行かないように注意して。それから、美容院と同じで、絶対に「おまかせ」にしてはだめ。

ところで、私は「皮膚科」ではなく、英語で「エステティシャン」と呼ぶのが好き。そのほうがおしゃれでお金持ちっぽいから。「皮膚科」はニキビやいぼや乾癬《かんせん》の治療のイメージ。「形成外科医」ならば、病院やメスや麻酔。でも、エステティシャンだと上品に聞こえるでしょう？

もっとも、皮膚科だのエステティシャンだのに関係なく、ル・ドゥはボトックスそのものに反対している。理由は、やったことがわかるし、老けるし、首や手との違いが目立って不自然だから。自然と遺伝子が私に優しくしてくれる限りはやるべきじゃない、ボトックスをするのは、女優か金持ちか絶望した人たちだけだ、というのが彼の意見だ。確かに、ボトックスを繰り返すのは、このうちどれかに当てはまる人が多い。もちろん、三つすべてに、という人もいる。

自分を客観的に見るのは難しい。もしもまぶたがたるんでいるのに気づいたら？　自分しか見ていないなら「少し下がったほうが、目つきがきつくならなくていいわ」と言い訳してしまう。数か月前にはなかったシワが、どんどん深くなっているように見えたら？「そうかもしれないけど、それがどうしたの？」と思ってしまいそう。でも、毎日、自分を厳しく観察できる？　それは、自分で自分を鞭打《むち》つようなもの。

前にもアドバイスしたけれど、年をとってもあまり変わらない部分に目を向けたほうがいい。そして決して忘れてはいけないのは、心の優しさが顔に表れること。優しさは、シワを刻むかわりにぼかしてくれる。これは本当の話。年齢がそれを成功させてくれることがある。

どんなケアをする？

まず、日光を浴びてはいけない。50代になったら――30代から気にかけているならもっといいけれど――絶対に日焼け止めを塗る。顔も首も手の甲もすべて。夏だけじゃだめ。一年中、日陰でも、冬でも、夜中でも。太陽は素晴らしいけれど、あきらめるしかない。もう、十分浴びたからいいでしょう？　1970年代か1980年代、まだメラニンがたっぷりあって、日の光に耐えられた頃。オイルを塗りたくって、真っ赤に日焼けして、タマネギみたいに皮をむいたものだった。幸い、流行は変わって、オイルも販売停止になった。10年早く生まれた人には遅すぎたけれど。

ときどき、ぐっすり眠れたあとの穏やかな朝、お化粧が上手にできて、とても薄暗いとき、私の生まれた年を知っている優しい人たちが、「何歳か若く見える」と言ってくれることがある。でも、こうしたお世辞を真に受けたりしないこと。50代になると、アルコールを飲みすぎたり、睡眠不足だったり、夏が暑すぎたり、とにかく何かが少し「度を越す」だけで、とたんに若さが失われてしまうことはわかっている。

それでも聞かれることがある。「秘訣は何なの？　お酒も結構飲んでいるし、たばこもときどき吸うでしょう？　それに、全然寝ていないのに？」と。そこで、いま、とても気に入って実践していることをお伝えしよう。

まず、毎朝、自家製グラノーラ（アーモンド、ヘーゼルナッツ、数種類のシリアル、ドライフルーツ、アガベシロップ、ヘーゼルナッツオイル、オリーヴオイル、ココナッツオイル、ショウガ、ナツメグ、塩を混ぜて、ときどきかき混ぜながらオーブンで30分焼く）にアーモンドミルクをかけて食べる。そのあとで、スピルリナ（崇高なほどの効能を持つ藻）を飲む。年に二度、マグネシウムと鉄の温泉療法に出かける。冬になる前に、ビタミンDの小瓶を用意するのを忘れない。それから、いつも、新しいサプリメントを試すようにしている。最近のお気に入りはマリンコラーゲン。肌にハリが出る気がする。この効果を語り出したら、本書だけでは足りなくて、続編を書かなくてはいけないほど。

食べるなら、カラフルなものが好き。トマト、ビーツ、ブルーベリー、クランベリー……。エネルギーを食べているみたいな気持ちになれる。

そして最後に、健康と美しい肌を保つために絶対おすすめなのが、1日二回の運動（軽く）と、週二回のセックス（長く）。

そして少なくとも1日一回、大笑いすること。ただし……。

笑うことの問題点

意味なく笑わないようにしよう。すぐに笑う女性、あけっぴろげに笑う女性は、まじめで控え目な女性よりシワが多くなる。

友人の50代女性は、口を動かさずに、笑っているように見せかける技を習得している。まず、くすくす笑っているみたいな声（可愛らしいとも言えるが、かなり不気味）をたてながら、片手を軽く持ち上げ、実際には動いていない口を隠す。そして同時に、首を前に曲げてうつむき、口角が見えないようにする。彼女にはまったくシワがない。太陽には絶対あたらないし、たばこなんて触れることもない。そして恋人もいない。

　別の友人は、私と同い年だけれど、いつもやたらとたばこを吸っている。しかも、言葉が途切れるごとにちょっとヒステリックな笑い声をたてる（ル・ドゥは変だと言うけれど、私は感じがよくて気さくな人だと思う）。

　生まれてからずっと日光を浴びて過ごし、他人の意見を聞き入れず、ボトックスについては、どんな成分であれ何かを体に注入するのは嫌だと言い切る。ただし、恋人の体の一部だけは別みたい（君はときどき下品になるね、とル・ドゥに言われた。普段は口出ししない人なのに）。

　この二人はほとんど同じ年齢だけれど、見た目は30歳くらい違う。というのはもちろん冗談。だって、大笑いするほどいいものはないから。幸せな気持ちにしてくれる。

　シワと笑い、どちらが大事かは決まっている！　笑いすぎてけいれんしながら、ル・ドゥにこう言ったとしても。

「そんなに笑わせないで。顔が崩れちゃうじゃない！」。

ほほ笑むかどうかは、私たちが決められる。でも、ほほ笑みの形は、歯医者がつくる。口の中の建造物をがらりと変えてしまわないように注意して。歯並びが悪いのは、全体からいうと小さな欠点だけれど、型にはまっていなくて優しい人だと思ってもらえる効果がある。つまり、完璧さの面から言えばマイナスでも、人間味を感じさせる点ではプラスになるということ。だから、長所と思って好きになろう。ちょっとだけずれて生えてきた八重歯も抜かないで。シンディ・クロフォードのホクロやヴァネッサ・パラディのすきっ歯や、ロッシ・デ・パルマの大きな鼻と同じものだから。

でも、もしもあなたが50代で、紅茶やコーヒーや赤ワインやたばこやブルーベリーが好きならば、そして、すべき努力をまったくしていないなら、あなたの歯はまちがいなくくすんでいる。このままずっと暗いほほ笑みを浮かべたり、前にお話しした「くすくす笑いの達人」みたいに、笑うたびに手で口を隠すのもいいけれど、それより歯全体を半トーン(かなり変色しているならば1トーン)白くすれば、絶対明るい気持ちになれる。ただし、やりすぎないように注意して。アメリカ人みたいに真っ白にすると、まぶしすぎて、相手が視線を10センチ下げることになる。だから控えめに。

ちょっと白くするだけで、清潔感が出て、若々しくさわやかに見えるはず!

白髪は染めないほうがいい？

白くていいのは歯だけ。白い髪はよくない。

白髪が最初に生えるのは、たいてい40代半ば。そのときは怒りにまかせて引き抜くけれど、すぐに、白髪が普通の髪より成長が早いとわかる。ここで一本抜くと、1か月後には三本生えてくる。

白髪は太くて手触りも違う。縮れもせず、まっすぐでもなく、形がふぞろい。白髪は実質的にも形式的にも悲嘆をもたらす存在。一度でも染めると、それから30年間抜けられない仕掛けに、足（実際は頭）がすっぽりはまってしまう。

若い頃の自然でつややかな髪は、もはや薬品に頼らないと手に入らない。そのオイルやシリコンやケラチントリートメントも、過剰な期待にこたえるほどの効果を見せてはくれない。髪質に関しては、私は母の遺伝子を受け継いだ。太くて量が多くて、ヴァイオリンの弦みたい。でも、いくらたくましくても、やっぱり年をとると弱くなる。そしてこのときどうするかで、二つのグループが生まれる。

一つは、白髪と加齢を受け入れる女性たち。彼女たちは、「6週間おきに美容院に行って、エコノミー症候群になる危険を冒しながらセレブのゴシップ記事を読むのに80ユーロ払う」ことをやめる。

そして、いつか、「新しい流行を送り出す」という大義名分のもとに、白髪とのうんざりするような戦いを本にする（＊ジャーナリスト、ソフィー・フォンタネルは、白髪になる過程を実験報告の形でインスタ上に公開して、話題を呼んでいる）。そしてもう一方のグループは、いまの私も含め、白髪を染める女性たち。美容院で染めてもらうのもいいけれど、スーパーで売っている8ユーロ足らずのヘアカラーを使ってもいい。これなら、カーキ色の泥を頭に塗りたくった姿をガラス窓にさらすこともなく、かかる時間も10分足らずに短縮できる。

白髪を染めるのは、年をとるのが怖いから？　いいえ、そうじゃない。心の健康を保つため。最近、白髪を染めたほうがいいと思う気持ちが強くなっている。なぜかというと、ソフィー・フォンタネル効果で、白髪をコンプレックスと思わずに、かえって誇りにする女性が増えたから。そう考えること自体は構わない。それで幸せになれる女性たちがいるならば。ただ、女性たちが、特殊な個性を認めさせるために、こぶしを振り上げ、デモ行進をするのを見たくないだけ。だって、ニキビや口ヒゲやセルライトを誇りにできる？「ほら、私の歯って黄色いでしょう？　全然気にしていないわ」と言うの？

もちろん、白髪を染めたくても、理由があってできないこともある。信仰している宗教の教え、化学療法を受けている、ベールをかぶっている、失恋したばかり、70歳になった、収入が不安定……。こういうケースを問題にしているわけじゃない。

いま、50代では、いいえ、それ以外の年代でも、白髪を受け入れる女性がどんどん増えている。気になるのは、そのやり方がとにかく強気で、感情的で、恐ろしいほど大胆なこと。まるでブラ・ドヌール（＊あざけりのポーズ）をやっているみたい。でも、いったい誰をあざけるの？

いまでは、白髪を受け入れることが、「ありのままの自分」を認める生き方の象徴とされている。「トレンド」と言ってもいいくらい。おかげで、数百人ものプロのカラーリストが失業の危機にさらされている。せっかくウーバー化を免れた職なのに。矛盾するようだけど、自分で染めることができても、やっぱり人にやってもらうほうが楽だから。

私の場合、白髪を染めずに自然のままにするのはちょっと難しい。なぜなら頭の左側だけが白いからだ。〝クルエラ〟（＊アニメ映画『101匹わんちゃん』に登場する悪女。毛髪を左右で黒と白に分けている）なんて呼ばれるのは絶対に嫌。染めないでいると、裸で歩いているような、額に身分証明書を貼りつけてふらついているような、そんな気分にさせられる。

その証明書はチカチカと点滅して、すれ違う人たちの注意を惹きつけ、私がもう「あきらめる」年齢に到達したことを教えてしまう。

白髪を染めるのをやめるのは、若々しく見せようとする、あるいは、年齢より若く見せようとするのをやめること。「あら、それが年齢を受け入れるということよ」ですって？

確かにそうかもしれない。でもそれならば、自分の体のケアと若さを失うまいとする強迫観念との境界はどこにあるの？

私はカーソルを真ん中に置いている。手入れがプラスで、見かけへのこだわりがマイナス。私の母が「あきらめた」のは82歳。頭がかゆくなると言って、白髪染めをやめたときだった。ある女友だちにとっては、カミングアウトをした50歳。また別の友人は、自然のままでいたいという願いに更年期が悪く作用して、元に戻せないほど太ってしまったときにあきらめた。明日が体重ならば、その翌日はムダ毛と、とめどなく転落は続く。

白髪を染めずに、メガネをかけて、茶色のツイードのスーツ（ウエストはゴム仕様）に、ゴム底のモカシンをはいてしまったら、まさに「老人よ、さあ行こう！」という感じ。終身年金の専門家が、きっと面談予定者のトップにしてくれる。

こうなる日は、いつか必ずやってくる。そのときは、もう女性誌も読まなくなり、ヒールの靴もはかず、化粧品もほとんど買わなくなっているはず。

楽なことと便利なことは似ている。そしてその反対が、役に立たない美しさ。でも、私たちは自分に気を配る必要がある。私たちは生きているし、いまの自分が好き。そこに絶対に流行遅れにならないもの、たとえばエレガンスやほほ笑みをつけ加えられたなら、もっと素敵になれる。

で、どうすればいい？　白髪をそのままにすべきなの？

そのままにすべき。もしもあなたが35歳なら。

そのままにすべき。もしもあなたのインスタグラムに20万人のフォロワーがいて、白髪になる過程を本にしたらものすごく売れて、夜の8時のニュースに取り上げられて、たくさんお金が入って、加齢による白髪という不快さの埋め合わせができるなら。

それならば、そのままにすべき。

でも、だめ！　そのままにしてはいけない。

なぜなら、トレンドでもそうでなくても、白髪交じりの頭は、絶対にその人を老けて見せるから。

これを読んで、フェミニストたちが一斉に立ち上がって、私を責めるのが聞こえる。

「あなたは、世にもおぞましい男性優位につけ込まれようとしているのよ！　白髪を染めるなんて序の口。結局、最後は手術して、つくりものの胸やアヒル口を手に入れることになるわ。それは何のため？ セクシーになること？ だったら男性はどうなの？ 男性は白髪でもセクシーって言われるのに！」

そう、確かに不公平だと思う。男性は髪がなくても白髪でも魅力的だとみなされるなんて。でも、世の中は変わりつつある。私の通う美容院でも、頭にカラー剤を塗って、奥のほうで人目を避けている男性が増えている。その姿がおかしくて、こっそり写真に撮ってインスタグラムにアップしたくなる（まだ一度もあえてやったことのないことの一つ）。

でも、まだあまり一般的ではない、この男性の行為にコメントをつけたくなるのはどうして？ 女性が白髪を染めるのは身だしなみなのに、同じことを男性がすると、どうして男らしさが損なわれるように思うの？ 逆に、女性が努力するのは当たり前とされるのはどうして？

40代の若き女性たちは、堂々とフェミニズムの革命を行っている。でも、私たち50代の女性の大半は、彼女たちに続く覚悟がまだできていない。私の固定観念はとても強いし、あまりに根深く保守的な教育を受けたから。

〈女性は、ほっそりとして美しく若々しくセクシーであるために必死に努力すべきであり、男性は女性を守るために力を見せつけなくてはならない〉という考え方が頭に刻み込まれて、なかなか抜け出せない。だから、道を切り開いていく女性たちを尊敬している。彼女たち、そして、ミレニアム世代の女性たちに期待している。性的魅力の凝り固まったイメージを覆して、視線や評価や欲望を変えていってほしいと思う。

それにしても、いったいどうしたら、私たちをとりまく一般社会、特に、美しさのルールとセクシーさの規範を進化させる女性誌を納得させられる？　雑誌をめくっているとときどき叫びたくなる。編集者が、女性の自尊心を踏みにじろうとしているから。

字を読めるようになって以来、私がずっと愛読している雑誌の表紙では、頭の足りなそうな女の子が、太ももをあらわにして、口を半開きにして挑発的なポーズをとっている。どうしてフェミニストたちはこれを見逃すの？　私たちの代弁者を自称するならば、こうした表紙を使わせないように戦わなくてはいけないのでは？

ほんのちょっとの体重

”魔法のランプよ、どうかお願い、私を太らせないで！“

「あきらめる」時代を迎えて、高らかに宣言しよう。美容にお金をかけることはもうしない、と。1日に二度体重計に乗るのもやめて、これまで禁じていたささやかな楽しみ――おやつ、コーラ・クラシック、ビネガー味のポテトチップスと食前酒――を味わう。体がまとっている肉について考えることからようやく解放されると、私たちは、抑圧を逃れた食欲にまかせ、セダクション（＊誘惑術）にも無関心なまま、ただの考える葦《あし》になってつるつるの坂道を転がり落ちていく。たるみも脂肪もみかん肌もハリを失った肌もすべてがどうでもよくなった女性として挑発的なほほ笑みを浮かべながら、静かに肥えていく。愛のゲームから抜け出すと、こんなにも自由になれる。

でも、その境地に達するまでに、50代の若き女性は、休む間もなく戦わなくてはならない。体型を保つため、そして、愛し愛されたいという欲求を持ち続けるために。

ここで、体重に関する考察をいくつか、思いつくままに並べてみたい。

体重が増えると、自信を失うおそれがある。少し太ると、ぐっと老ける。

体重は気温に似ている。実際の体重と感じる体重が違うから。

体重は同じでも、自分より太った友人がいれば幸せな気持ちになる。逆に、自分よりやせた友だちを持つと、まちがいなくうつの引き金になる。

女性が夢見るのは、素敵な王子様との出会いではなく、食べても太らない体。50歳になるまでは、「いくら食べても平気なの」と言えたのに。ずっとそのままでいたいと思っても、そうはいかない。

20歳のときは、マクドナルドを食べると太る。30歳ではパスタ、40歳ではリンゴを食べると太る。そして50歳では水を飲んでも、60歳では空気を吸っても太る。

日頃、特に注意せず、スポーツと呼べるほどの運動もしないでいると、50歳を過ぎたあとの代償は、毎年、最低500グラムの体重増加。体重はやがて落ち着くけれど、時すでに遅く、「その後」の体型はずっと変わらない。増えたキロ数が体に刻み込まれてしまう。

もちろん、だからといって深刻になることもない。お金があれば、服を買い替えるだけで済むから。でも、自分のイメージを変えて、ほほ笑みながら新しい体型に甘んじるのは、決して簡単なことじゃない。

病気でホルモンバランスが崩れているケースを除くと、50代の女性のほとんどがダイエットをしている。なかには、何もしなくても細いままの人もいるけれど、そういう人たちは人前に出てきてほしくないと誰もが思っている。

結局、決定的かつ精神的な解決策はただ一つ、警戒をゆるめないこと。そして同時に、よく生きて、よく楽しむこと。でも、顔の肌が、光の速度でハリを失っているときに、喜んでなんていられる？

体重を何キロか落とすことはできる。でも、あっという間に増えてしまう！ その対処法はたくさんあるので、どんなやり方をするかは人それぞれ。私は、太らなくて水分の多いものをたくさん食べる。満腹感がすぐに得られるし、長くは続かなくても、次の食事まではは我慢できるから。

それでは、やせることのメリットは？

体が軽くなったと感じると、心も軽くなる。

徒競走やダンスのレッスンのためのスタミナがつく。

いつかはけるだろうと思って買っておいたパンツがはける。

おいしいものをたくさん食べることができる。

健康に乾杯！

50代になると、不快な現象が次々現れ、ひそかに進行していく。

年齢を実感するのは、大腸癌の無料検診票を受け取ったとき。研究者の顔をした小さなカメラが、あなたの内臓を制圧し、ビデオに記録する。そこにさらけ出されるのは、あなたの美しい外見からは想像もできない姿。そのすべては、あなたとムッシュとの秘密にされる。ムッシュに対しては、あなたの肛門もそのお仲間も、もはや何も隠すことはないから。

さらに女性につきものなのが、マンモグラフィー。乳房（ハム）を二枚の金属板（食パン）にはさまれて、サンドイッチになったかと思うほど締め付けられる。そして息を止め、癌になるとか言われる光線を浴びせられる。垂直に立っていたサンドイッチが、水平に置かれたあとで、あいまいな結果が届くはず。そこには安心させようとしながらも疑わしげな口調で、来年もまた受けに来るようにと書かれている。

もちろん、悪いことばかりじゃなくていいこともある。

50代女性の強みは、自分の体を知っていること。いつまでなら、そしてどこまでなら、セルフメディケーションが有効かを知っている。なぜならジュースの飲みすぎや食べすぎと、尿路感染やカンジダ膣炎の違いがわかるから。このうち二つ、もしくは全部を知っている人には、何のことかわかるでしょう？

私の若さの秘訣

人前では決して口にできない言葉がある。言ってもいいのは、詩にするとか冗談だとか医療で必要だとかのときだけ。でも、「更年期」をまったく連想させずに、50代の若き女性に関する本を書こうとしたら、その存在を否定することになる。それはセックスに触れずに愛を語るようなもの。

母が突然、汗びっしょりになっていたことを思い出す。一瞬、服を着たままシャワーを浴びたのかと思ったほどだった。こうして、突然暑さに襲われるのが最初の症状で、続いてさまざまなトラブルに見舞われる。代謝の問題なので個人差はあるけれど、人によっては進行がとても速い。

でも、嬉しいことに、正義の味方が現れた。

朝は腕にシュッとひと吹き、夜はミント系のカプセル一錠。これで問題は解決。気持ちが穏やかになって、体重も低めに保たれる。不眠も治まり、急なほてりもなくなって、リビドーもよみがえる。

現代の50代女性が活力にあふれる様子は、新しい社会現象とみなされている。確かに、ひと時代前との違いは驚くばかり。やせていて若々しく、しかもそうしていられる期間が長い。シワは少なく、髪も豊かで、性的エネルギーもあふれている。

どうしてだと思う？　栄養がいいから？　生活環境がいいから？　サプリのおかげ？

いいえ、それだけじゃない。変わったのは、いまは調節が可能になったこと。「カンカド」（＊ティーン・エイジャーのような生活を謳歌する50代の男女を指す言葉）についていろいろ分析したがる人が多いけれど、50代で元気な女性は、たぶんホルモン補充療法を受けている。

医学的な禁忌《きんき》や薬の耐性がある場合には使えない。また、人里離れたところに住んでいて、年老いた夫には求められていないならば意味がない。でも、それ以外だったら、ホルモン治療を試さないのはもったいない。日常生活の質が目に見えてよくなるばかりか、骨と心血管の老化を防ぐ効果もあるらしいから（メーカーからお金はもらっていないので、誤解しないで）。

私はいま、コルシカ島の密林の中にある一軒家で、この文章を書いている。この家の持ち主はとても親切に、トイレに「モノ」を捨てないように注意してくれた。この場所はとても近代的だけれど、腐敗槽（＊生活排水を処理するもの）が何でも分解できるわけではない。だから、綿棒とか空箱とか、そういうものを捨てないでほしい、と。

私は、誰もが思い浮かべる〝あるもの〟を、彼がはっきり口にするのを待っていた。でも、言ってくれない。だから、こちらから、皮肉な笑みを浮かべて言ってあげた。よかったわ。生理用ナプキンは便器に捨ててもいいのね、と。

めまい

パリ、先週の日曜日、朝10時……。

突然、めまいに襲われた。くらくらして、気が遠くなりそうだった。なんとか力を振りしぼってベッドまでたどり着き、あおむけに横たわる。ぼんやりした目に映るのは、高速で回転する天井。気分が悪くなってきた。しびれが、指先から1秒ごとに広がってくる。まるで、体を何者かにのっとられて、自分が自分でなくなったみたいな気分。

うろたえるル・ドゥに付き添われ、救急車でラリボアジエール病院の救急外来に運ばれた。それからどうなったかをお話しさせて。

まず、担架に乗ったまま、果てしなく待たされた。隣にいたのは、怪我をした新米テロリストで、完全武装した警官10名の監視つき。それから、どんなふうに具合が悪くなったのかを30人に聞かれて30回答えた。そして、ようやく医者に会って、検査を受け、次の日来るようにと言われて帰宅。次の日も同じ。そのまた次の日も。

私の人生がここで終わるかもしれなかった。そうなっていたら、たぶん、子どもたちの誰かが、私のブログとフェイスブックのページに神妙なコメントを載せ、私のアカウントが削除されたこと、私の華やかな文芸活動が終わりを告げたことを知らせてくれたはず。

でも、そうならずに済んだので、これを機会にいくつかの事柄を伝えておいた。献体はしないこと、クレジットカードのパスワードは、バレンシアガのジャケットの左ポケットに入っていること、それから、こうした家庭内での事故が緊急事態を招いた場合の不意の出費（お菓子、花、聖歌隊への心づけなど）にどう備えるか……。

だってそうでしょう？　誰にでも起こりうることだもの。ある日、食事の最中にいきなりお皿に突っ伏して……。それが永遠の別れになるかもしれない！

ところで、人生最後の日になったかもしれないあの朝、とっさに何を思い浮かべた？

一番大事なことだったはず。それは……ちゃんと脱毛してあるわよね。いやだ、本当の年齢がわかっちゃう。ブラジャーとショーツをおそろいにしておいてよかった。ああ、

『原色パリ図鑑4』（＊映画。本書のル・ドゥことミシェル・ミュンツが脚本を書いている）が観られないかも。来週のニューヨーク行きの航空券も無駄になっちゃう……。

まだまだ見たいものがたくさんある。まだまだがっかりさせたくない人がたくさんいる、それにこの本だって年末までに書き終える約束。

教訓　これからの日々がよりよくなるように意識すべし。
診断　内耳神経炎。大騒ぎしたけれど、まったく心配はいらなかった。

たばことそのほかのドラッグ

50代になったら、たばこはやめたほうがいい。たとえ、ずっとあとになって、肌も外野の意見も健康さえも気にならない年になってから、また吸い始めるとしても。

私はたばこを吸うしぐさや吸うときに聞こえるかすかな音、たばこが取り持つ打ち解けた会話が大好き。「たばこを一本いただけますか？」は、今日までに最もよく使われたナンパのセリフ。ときどき、夕食のあとにたばこを吸う。たばこを指ではさみ、一回吸ったら、すぐにつぶす。常習性のある製品に対しては、こうして歯止めをかけている。たばこが私を支配したがっているのを承知の上で、距離を置くのは面白い。ちょっと傲慢《ごうまん》だけど、こう思っている。「たばこさん、あなたにはつかまらないわよ」と。

こんなふうにできてよかった。たばこは、顔に表れる年齢を増やして、平均余命を減らすから。たばこの影響は誰にとっても同じで、声はしわがれ、肌はくすみ、いろいろな病気にかかって、息は臭くなる。しかも、いったんその罠にかかると離れられなくなり、お付き合いは長く続く。ときには最期まで！

ドラッグとも、同じように距離をとってきた。若いときは、仕事の実績をつくって評価を得るのが大切だったから。いまならきっと、少々羽目をはずしても大丈夫。この年になれば、築いたキャリアはびくともしないはず（そもそもキャリアが築けているのかどうかは疑問だけれど）。死ぬ前に一度、コカインを試してみたい。

お気に入りの店を教え合うべき？

私たち50代の女性は、多趣味で要求レベルが高いので、扱う商品ごとにお気に入りの店がある。最高のチーズ屋、最高の精肉屋、最高のオーガニック食品屋……。そして、控えめに、あるいは積極的に、行きつけの店を教え合う。「友だちの肉屋は私の肉屋」という顔をして。

でも、経験から言うと——歯医者（インプラント）、皮膚科（ボトックス）、整形外科（骨折）については人に教えないほうがいい。もしも「いい歯医者さんを知らない？」と聞かれたら？「ううん、知らないわ」とあっさり答えよう。だって、紹介した歯医者が失敗したら、恨まれるのはまちがいなくあなただから。

想像してみて。彫金師なみの指さばきが評判のスター皮膚科医がいたとする。彼はあなたの顔にも奇跡を起こした（ただし、束の間の。わかっているでしょうけれど、ボトックスの効果は長続きしない）。ところが、あなたの友だちの手術では、視神経を傷つけてしまった。その皮膚科医を紹介してほしいとしつこく頼んだのは彼女のほう。でも、恨まれるのはあなた。いまや、非対称になってしまった目に殺意を込めながら、彼女はあなたにつきまとう。

同じように、口座管理人（たぶん、お金をなくしてしまうから）や整形外科医（きっと、背骨を折ってしまうから）や弁護士（まちがいなく、離婚訴訟を長引かせるから）も紹介しないほうがいい。だってそうでしょう？　かかりつけの肛門病専門医を教えたい人なんている？　たとえどんなに腕がよくても……（「わかったわ、ここは削除する」とル・ドゥに約束した。この本もペンネームで出す予定）。

簡単に言うなら、どんなにいい情報でも、自分に利益がないなら教えないこと。失敗したら友だちを失うかもしれないし、うまくいっても、「いいお店」が混んでしまったり、料金が上がってしまう恐れがあるから。

いい婦人科？ ううん、知らないわ。でも、おいしいお肉屋さんなら教えてあげる。

「明日こそ、スポーツを！」

”魔法のランプよ、どうかお願い。
関節がいつもうまく動きますように！“

いつも若い私たちでも、スポーツには、若者向けと年配向けとがあることを知ったほうがいい。

私たちは何も強制されていないけれども、あらゆることを義務づけられている。1日に5種類の果物と野菜を食べなくてはいけないのと同じに、規則正しく運動をしなくてはいけないと思い込まされている。ちゃんと時間をつくって、適切な運動をするのが当然で、それができないと罪悪感を持たされる。では、努力と効果、そして良心がいい関係を築ける運動とはどんなもの？ 50代で、怪我をせず元気になるにはどうしたらいい？

登山やアーチェリーや短いランニングならば、若い人たちについていける。ただし、「運動による体のメンテナンス」と「自己超越」との間にある線を越えないという条件で。もちろん、努力は常に報われるし、規則正しく運動していると、いいリズムができてくる。そうなるとついつい、もう大丈夫、絶対に後戻りするわけがない、と考える。

それが大まちがい！ 実際には、運動を1日怠けると、その分を取り戻すのがもっとつらくなる。だから、常に意欲をかき立てていないといけない。すると、この意欲が新たな問題を引き起こす。心臓は息切れし、関節は動かなくなり、怪我が増えて効果と見合わなくなり、だんだん億劫《おっくう》になって、運動に関してはいつしかチャーチルと同じ立場をとることになる（＊「健康の秘訣は？」と聞かれたチャーチルが、「運動をしないこと」と答えた逸話がある）。

だから、自分に合った運動を選ぶのが大切。熱狂的なズンバから、精神的な気功まで、選択肢は幅広い。

ラン、ラン、ラン

まだそれほど年をとっていない頃から、私は走っている。それよりさらに前、つまり20～30代だった頃は、走ることがいまほど流行っていなかったので、ダンスや水泳のほうが好きだった。

いまは、週に一～二回、ル・ドゥに誘われて——私はものすごく怠惰な人間だけれど、彼の前ではできる限りそう見せないようにしている——レガースをつけ、自転車にまたがり、公園に向かう。走りたいとは全然思っていない。走る前はいつも嫌でたまらない。でも、走ったあとはそうでもなくなる。最初の一周は我慢して走る。背中に水を入れた袋を背負っているみたいで、体がひどく重たい。それが三周目になると、エンドルフィンがどんどん上がって、最後は高揚した気分でゴール！　体とホルモンが歓喜するこの数秒間は、本当に気持ちがいい。これほどの快感を与えてくれるのは、ほかにはセックスだけ。

走ったあとは、いつも達成感を味わう。だから、その勢いのままに、バターたっぷりのクロワッサンを一個、ときどき2個、食べていいことにしている。運動でカロリーを消費した意味がなくなってしまうけれど、ご褒美と思えば罪悪感も消えるというもの。

大股で歩く

どこかで読んだのだけど、大股で歩くのはとてもいいらしい。長い距離を早足で歩くのは、短い距離を走るよりいいとか。そうなの？　ところで、何に「いい」の？　関節？　絶対にいいはず。では心臓は？　いいかもしれない。歩く時間によるでしょうけれど。

そのほか、エコロジカルだから、誰にでもできるから、皆で一緒にできるからという人もいる。

私はいつも、誰か一緒に歩く人がいないかな、ちょっとハードな遠出に誘ってくれないかしらと心待ちにしている。そうしたら小石を踏み、モミの木をかき分けよじ登る。視線を雲の上にさまよわせ、澄んだ空気を吸い込み、自然界が発する音以外に何も聞こえない沈黙を味わい、元気を出すために頭のなかでヤギに変身する。

そして、自然に抱かれて過ごした数時間のあと、ごく単純なことをする。切り株に腰を下ろし、ソーセージを切って、ちびちびとお酒を飲む。

そしてヨガ？　ダンス？

私はヨガと別れた女の一人。愛しすぎて、そして、嫌いになった。身も心も、というより体が……。これを聞いて「私もよ！」と言ってくれる人がいないことは覚悟してる。なにしろヨガはアンタッチャブル。とても効果があるといって誰もがほめそやすから、批判してはいけない雰囲気がある。でも、事実だから仕方がない。

私はもうヨガをやりたいとは思わない。ヨガには種類がたくさん。ビクラムヨガ、アイアンガーヨガ、ヴィンヤサヨガ、アシュタンガヨガ、ハタヨガ……。さらに、その中でもさまざまなタイプに分かれる。セックスのヨガ、目のヨガ、ホルモンのヨガ、笑いのヨガ……。

どれも、楽しいのは最初だけ。なのに10年間、自分はヨガが好きだと思い込んでいた。実際に楽しかったのはリラックスする呼吸法をしているときだけで、しかも、寝不足の翌日、インストラクターのオームを聞きながらうつらうつらしていたときだけだったのに。それ以外のすべては、絶対に私に向いていなかった。私は興奮したり楽しんだりしないとリラックスできない。はっきりわかったのは、ヨガは私をいい気分にさせてくれるどころか、気分を悪くさせるという事実だ。

ヨガの姿勢は、私みたいなタイプの体には向いていないのだ。自然に逆らって体をねじるのは苦しいし、腹式呼吸もうんざり。サンスクリット語はちんぷんかんぷん。エキゾチックな魅力はあるけれど、それだけではやはり時間の無駄だと確信した。

「先生がよくなかったのよ」と皆は言うけどそうじゃない。私が特別に出来の悪い生徒だっただけ。私はピラティスのほうが好き。西洋風だし、胸式呼吸のほうが自然に思える。面倒くさいこともないし、「ナサヤーナー……」なんて唱えることもなく、動きは一つか二つか三つで、同じ動作を二度やることはない。

いい気分にさせてくれて、夢を見せてくれるのはダンス。ダンスは大好き。夜、子どもたちがいないとき（いたとしても）ル・ドゥと踊る。ル・ドゥが、最近のお気に入りの曲を流し、合図と同時に客間の絨毯の上に飛び出す。優しくてエレガントな50代の二人が、狂ったように踊る。これを10分間続けると、息は切れ切れ、心臓はドクドク、喉はカラカラ。「やっぱり息だわ」と冷えたシャルドネワインを飲みながら、ル・ドゥに言う。どうしてモダンジャズの90分間のレッスンについていけないかがわかった。

こうして私は、人生の偶然に導かれてダンス・スクールのすぐそばに住むようになったおかげで、50代でダンスを再発見した。それ以来、毎週、バーオソルかジャズかクラシックダンスをやっている。上履きと黒タイツをはき、髪をシニョンにした若い女性たちに交じる。彼女たちはまるで、見えない糸で天からつられているみたいに頭をもたげ、背筋をぴんと伸ばしている。レオタードを着た彼女たちに囲まれると、私もその一人になったみたいで気分がいい。だから、残酷な現実を見ないで済むように、鏡を避けている。

けれども私の体は、昔はできたことをやってくれない。その事実を受け入れるのが難しい。ちょっと待って、おかしいわね。グランテカールができたはずなのに、骨がさびついているわ……。頭と体がバラバラに動いている（脳の出す命令もめちゃくちゃだけど）。

ときどき、ベッドに横たわって目を閉じる。

頭の中で、私は勢いよく助走する。はずみをつけ、トリプルサルトにひねりを加えて、着地を完璧にきめる。1976年に行われたモントリオール・オリンピックの記憶の残像。

私の名前はナディア（＊ナディア・コマネチ。「白い妖精」と呼ばれたルーマニアの体操選手）。

仕事とお金 静かな衰退

50代は給与生活の終わり

50代の女性には、仕事の世界は手を差し伸べてくれない。どうしても、というときには指を一本……それも中指を突き立てるだけ（＊相手に対する侮蔑のポーズ）。

あなたが賃金生活者だとしよう。心地よいオフィスには、パソコン、デスク、NYCマグカップ、そして回転椅子。会社の経営が順調な限り、あなたはなんの心配もなく、ぬくぬくとそこにいられる。ところがある日、廊下でひそひそ話が始まる。ライバル会社に出し抜かれた、社長は会社を売るらしい、いや、合併するそうだ、まずいことになるぞ……。そして不吉な計画が準備される。ここで、あなたにとって一番いいのは、専門の弁護士を頼むこと。

追い詰められる前に、交渉しよう。これは恋愛に似ている。不穏な気配、重苦しい非難、長引く沈黙を感じたなら、何が起きているのかを理解し、説明を聞き、必要ならば出

て行く準備をする。状況の深刻さを認識することが大切。胸に湧き起こる不安の塊を無理に打ち消してはだめ。

早く出発すれば、それだけ早くほかのことに移れる。だから、後ろめたさなんて感じることはない。小切手を受け取り、弁護士に頼んで、職業訓練に参加できるようにしてもらったら、会社にお別れしよう。

もっとも、言うだけなら簡単だけれど、実際はこんなふうにはいかない。何もかもが変わると宣告されたとたん、まるでエアバッグが作動するみたいに不安が膨れ上がって、それと向き合うのはとても難しい。

親から自立する、引っ越す、定住する、離婚する、再び引っ越す、解雇される……。いつも先立つのは不安。ときにはずっとついてまわることもある。でも、たいていはそのあとで、自分に勇気があったことや、困難な時期に雄々しく立ち向かったことを誇らしく思うようになる。

だから、絶望しないで。「仕事を辞めたら落ち込んでしまう」なんて思ってはだめ。逆に、いまが、自分を再発見して危機をチャンスに変えるときだと考えよう。一つの時代の終わりは、別の時代の始まり。その新しい時代はもっと面白くなる。

周囲の人にメッセージを送り、友人たちにも連絡して、存在を覚えておいてもらうこと。こうしたつながりから、別の道が開けるかもしれない。急がなくてもいい。いつか、天から啓示を受けたように、こう思うはず。「そうだ。これをしよう！」と。注意深くしていれば、出会いや、提案や、チャンスがきっと訪れる。私が保証する。

本当にあったひどい話

ある企業で広報部長をしていた友人は、株主が変わったからと、突然、退職を迫られた。しかも、提示された退職金は額が低かった。そこで彼女は弁護士に依頼して、会社と戦うことにした。けれども状況は厳しく、くじけそうになったとき、大手の転職エージェントから声がかかった。なんと、有名企業で現在と同様のポストに就けるという。まさしく奇跡！　50代という悪条件の中で絶望しかけていた彼女の前で、事態は急に好転する。提示された細かな条件を見て、彼女はいまの職を手放そうと考え始めた。ただし弁護士は反対し、告訴をすすめた。

やがて転職エージェントから、「あなたは最終候補者リストの筆頭です」と連絡が入った。翌日、最終面接に来てほしいが、それは形式的なものにすぎないとのこと。彼女は狂喜した。そして、転職がほぼ確実となった以上、さして広くない業界で、しかも彼女自身がそこそこ知られている身とあって、自分を解雇しようとしている会社を労働裁判所に訴えていると知られるのは好ましくないと考えた。そこで訴訟を断念し、わずかな示談金を受け入れることにした。

示談の手続きを終えた翌日、エージェントから、彼女が不採用だったとの知らせが届いた。もちろん、この人物と彼女の古巣がグルだったという証拠は何もない。でも彼女によれば、最初に電話があったのは、示談を受け入れる意思がまったくないときだった。やはり罠だったのではと私は思う。

打ちのめされた50代の女性に、労働市場はあまりに冷酷だった。彼女は絶望し、深い穴の縁《ふち》に立ち、両手を広げて身をおどらせた。いまは、幸せ。森の中に小屋を建てている。

この話から得た教訓。55歳以上で解雇されたなら、いまと同程度の職を探してはだめ。絶対に見つからない。起業家の才能があればいいけれど、ないのなら、親や自分の遺伝子や、そのほか思いついたものすべてを恨むほかない。そして、もしも企業の中で働きたいならば、恋愛と同じで、要求レベルを下げること。

恋愛だったら、出会った相手に多少の欠点があるのは当たり前。見た目がよくない、話題が限られる、経済的に不安定、カルト・ヴェルメーユ（＊フランス国鉄の高齢者優待割引カード）を持っている、暗い過去がある、前立腺の調子が悪い……。これが仕事となると、前の仕事よりも給料が安い、つまらない……。もっともこんな文句が言えるのも、仕事が見つかれば、の話。

あなたの履歴書は1990年代には立派だったかもしれない。でも、いま何かの役に立つとしたら、はるか昔からのあなたの職業人生の総決算を示すか……あなたの年齢を教えるだけ。もちろんあなたは年齢のことなど書かない。でも、あなたの豊富な経験を見たリクルーターは、あなたの大学卒業年度が書かれた行にさっと目をやり、すばやく頭の中で計算し、そして、大臣の推薦状でもない限り（いいえ、あったとしても！）、履歴書をごみ箱に捨てる。

履歴書が価値を持つのは50歳になるまで。そのあとは、アドレス帳に色目を使ったほうがいい。運よくまだ持っているならば、ね。

そしていま、何をする？

私はたくさん働いてきた。と言っても、リセの最終学年の三学期から48歳までの間だけ。つまり、かっきり32年間。その前はというと、幼児の頃は発達が遅かった。小学校では吃音がひどく、中学校では勉強についていけず、リセでの生活は悲惨《ひさん》だった。

そしてある日、怒り（パパ、ありがとう）がインスピレーションで倍増された瞬間、運命がわずかなチャンスを与えてくれた。私は飛び立ち、それから30年間必死で働いた。この逃走は、自分の意志でしたこと。でも、がむしゃらに働いたのは、父親の遺伝子のせいかもしれない。

一方母は、専業主婦という身分があまり向かない人だった。逃避を夢見ていたけれど、クレジットカードを持ったこともなく、運転もできず、愛人もたぶんいなかった。

料理、掃除、買い物、少しの世間話と、年に一度贈られるゲランの香水瓶が、母の人生のすべて。仕事がたくさんあると、母はいつも言っていた。母が考えている意味でならば、確かにそのとおり。でも、そこには経済という概念が欠けていたので、私が自分の仕事にしたいと思うものは一つもなかった。だから、私が自分を確立して、猛烈に働くことができたのは、そこから逃げ出したとはいえ、父というモデルがいたおかげ。

親から解放されるのは、この上なく素晴らしい経験。自分で実現したことから得られる満足感は計り知れないほど大きい。でも、世の中には子どもを手放したがらない親もいる。理由は、愛しすぎている、絆が強すぎる、飛び立てないように翼を切ってある……。

だから、私は両親に感謝している。愛するよりも逃げたいと思う理由をたくさんつくってくれて、しかも、自立という武器まで与えてくれて、どうもありがとう。

ところで、私は50歳になる前に、仕事を辞める決心をした。20年の間に、広告業界も私自身も変わった。いろいろな専門部署を経験し、消費者を誘惑するための巧妙な仕掛けが、どんどん倫理感を失っていくように思えてきた。頭の中でささやく声がした。稼ぐことで人生を失うのはもうやめたら、と。会議やプロジェクト運営にこれ以上時間を費やして、いったい何が得られるの？　お金？　もちろんそれは手に入る。でも、鬱屈《うっくつ》した思いと自由を求める気持ちのほうが強かった。だから、脱出できる扉を探して……見つけた。

そして、外に出た。

このとき、誰もがこう言った。「頭がおかしくなったの？　いったい、これからどうするつもり？」と。そう聞かれたときに感じる、社会の規範から外れてしまったといういたたまれない思いについて話したい。

長い間、こう言うのに慣れていた。「広告代理店を経営しています」と。この一瞬、味わうのは、プライドをくすぐられる心地よさ。でも、仕事を辞めた翌日から、それは過去形になった。最初の頃はいつも「やっていた」ことを話していた。現実から目を背《そむ》けたかったから。けれども、ある日ついに、現在の自分を認めることに決めた。「働いていません」と。すると、返ってくるのはたいてい、遠慮と好奇心が入り混じった長くて気づまりな沈黙。

こうした状況に慣れるにつれ、答えを見つけるのが面白くなってきた。あいまいな仕事をしている場合、どんなふうにあいまいに答えるべき？　まずは「いまのところは……」から始める。そして、たとえば、「観光関連なの」と言うのは、Airbnb（＊エアビーアンドビー。大手の民泊情報サイト）に登録して、部屋を人に貸していること。「スタートアップをやっているわ」なら、男友だちにお金を貸している。「小さな会社にかかわっているのよ」といっても、実際にプロジェクトに参加しているわけではない。「次のジョブに移る途中」は、解雇されて次の仕事を探していることを、慎み深く表現したもの。

また、相手の注意と好奇心を巧みにそらすのも一つの方法。質問には答えず、「私、ラタトゥイユの若どりが大好きなの」とうまくかわす。そして、口にしたとたんに社会から葬られる禁断の表現が、「失業中です」と「引退しました」。

ところで、大事なことだけれど、「何もしていません」と言わないほうがいい。忙しすぎて何かをする時間がないのは、何もしていないこととは違う。そして、何かをしているならば、人から責められることもない。そこで、人をひざまずかせる神聖な答えを教えるので、覚えておいて。

それは「本を書いています」。こう言えば、テーブルの真ん中近くの席に案内される。「本を出版しました」ならば、主人の隣の席が用意される。ただし、パリの5区、6区、7区だったらそうはいかない。ここでは「誰でも」書いているから。

それでは、もしもあなたが、一般に仕事とされている活動をしていなかったら？　案内されるのは、部屋の奥、隅、テーブルの端、後ろ向き、フィルター越し、声が聞こえない場所……。でも、こう言ってもらえることもある。「何もしていないの？　素敵だわ！」。

この場合、だいたいは好意か礼儀、でも、もしかするとちょっぴり嫉妬が混じっているかもしれない。相手が、毎日、公共の交通機関で2時間かけて通勤し、変質的で独裁的な上司の気まぐれに耐えているならば。

印象的だったのは、左岸で開かれた気軽で楽しい食事会で、50代の美しい女性がさらりと答えた言葉。「何もしていないの。でも、気分はいいわ」と。屈託のないほほ笑みに彩られた軽やかさが、とても魅力的だった。私もいつか言ってみよう、と思ったけれど、舞台背景が調わないことには難しい。理想は、答えをいくつも用意しておいて、そのときに質問してきた〝知りたがり屋〟に一番ふさわしいものを選ぶこと。私は箱いっぱいにストックしている。真っ赤な嘘から「ちょっと本当」の答えまで。

その一つが、年をとってから、絵を描き始めること。まず、画材を買い、住まいの一部屋を製作にあてる。アトリエを借りるならもっといい。それから、個展のオープニングパーティの招待状を送って、会場になるギャラリーの使用料とシャンパンの代金を払う。そのあとは、あなたのアーティストとしての才能とアドレス帳次第。

感じがよくて、金持ちの知り合いがいて、響きのいい、売れそうな名前を持っている。この三つが、年をとってからアーティストになる人が成功する条件。そのほか、短期間の訓練でなれるものと言えば、花屋や製本屋。そして特に目につくのが、セラピストとかカウンセラーとかナチュロパス（＊自然療法士）とかいった、すごそうに聞こえながらも、自分で名乗れる職業。投資は少なくて済むけれども（場所と金のプレートと、それを打ちつけるための四つの鋲《びょう》）、存在の周知（個人的なネットワークや、コミュニティ・マネージャーへの依頼）と、評判になることと特別な才能を見せることが必要。

でも、50代以降で最も人気のある仕事は、まちがいなく「コーチ」。フランスの50代以上の女性は、すべてコーチか、これからコーチになれる人。これもまた、自分が名乗ればなることのできる職業ね。「スポーツの」という形容詞がつくと、スポーツトレーナーと同じ意味のコーチだとわかる。でも、差し出された名刺に「人生のコーチ」とあったら、評価の領域はとてもあいまい。

でも、コーチという職業を貶めているなんて思わないで！　そんなことするはずがないでしょう？　ただ、そういう職業がたくさんあると言いたいだけ！

「また勉強を始めました」という答えも、ギリギリのところで何とか体面を保つのに使われる。50代で勉強し直すのは解雇されたときだけだと、誰もが知っている。だから、「学生に戻った」と言ったほうがいいかもしれない。同じことだけど若くなれるから。それはともかく、この答えがきっかけで会話に花が咲くこともある（あるいは閉じることも）。

「まあ、大学院でアフリカ文学を？」

「素敵だわ！」

勉強をし直すのは、解雇されたときの選択肢として悪くない。グランゼコール（＊政治家や経営者を輩出するフランスのエリート養成校）のどれかに入るのはどう？　そうすれば、もはや何の役にも立たないラベルと化したあなたの履歴書の中で、職業欄の最後の直線だけが輝く。権威ある修士号を取得したとたん、ほかの免状はかき消されてしまうはず。

グランゼコールのパリ・ドーフィン大学、ＨＥＣ（＊高等商業専門学校エセック・ビジネススクール）は自分たちのイメージに価値があると知っているので、学費を高くつり上げる。そしてそれを払うのは、職業訓練が終わると同時に雇用市場に出された上級管理職の失業者たち。ただし、それだけ高額な費用を払っても、終了後に必ず仕事があるとは限らない。でも、ちょっと考えてみて。仮に、出会いや機会や星の並びのおかげで給料のもらえる仕事が見つかったとしても、砂時計が速まっているこの年齢になって、人生が優しく差し出してくれる24時間のうちの8時間（もっと多いこともある）を捧げるほど、ブランドや企業や上司を愛している？　リズムを変えるときが来たのでは？

世界で一番愛している人、つまり自分という人間を楽しむために。あなたのものなのに失っているもの、つまり時間を取り戻そう！　そうすれば、自由を手にして、何かをなしとげ、甘くて辛《から》い不完全な現実を体験することができる。

ここで、こんな声が聞こえてくる。「それはご親切に。でも私は食べるために働いているの。仕事を辞める？　そうしたら、お金はどうするの？」

送りたいと思っている生活に合うアイデアを見つけることが大切。私たちに向いていて、実行可能で、短期もしくは中期的にわずかでも収益が見込めるアイデア。

たとえば、土地を買ってアーモンドの木を植えるのは？　素敵な思いつきだけど、実がなるまでに5年か6年かかるし、私たちはもう50代。だから遅すぎる。長期計画は若い人に任せよう。

でも、何かの植物を栽培するのはいい考え。それならむしろ、一つの生活様式になっているパーマカルチャー（＊永続可能な農業をもとに、人と自然が共に豊かになれるような関係を築く手法）は？　いろいろなものを生産して、魅力的な成分（蜜、サフラン、ケール、チアシード……）を加えて上手な取引をする。そのほか、パティシエや販売員になる、美術館や書店で働く。チャリティに登録して、人を助けること、人の役に立つこともできる。

どうすればいい？ あげればいい。自分の時間を少し、自分自身を少し、人のために使ってあげて。

怠惰を味わう

一番興味のあることが何かを確かめて、計画を立て、なるべくうまくいくようにやってみる。けれども時間がありすぎると、何をすればいいのかわからなくなって、結局、スケジュール表を埋めるのに追われてしまう。

今日のような、若さ礼賛主義と労働のウーバー化の時代では、新たに職業生活を見つけるのは難しい。そこで、ヘアピンカーブのような急激な変化をスムーズに乗り切るためにぜひとも取り入れたいのが、1000年前から変わらずにあって、いまやトレンドになっている方法。つまり「怠惰」。ほめられることはめったになく、ときには軽蔑され、しばしばののしられるけれど、「怠惰」とはよく言われるような恥ずべきものではなくて、ささやかな欠点。夢中になることを拒むという、生きる知恵のようなもの。

時代のマニフェストも、「怠惰初心者」に罪悪感を抱くことはないと励ましている。特に、他人に何も要求せずにひっそり行われている場合、あるいは、よくあることだけれど期間が限られている場合には。

「遅さ」と「減少」という「妹」たちと共に、「怠惰」は、味わい豊かな生きる知恵となり、常にそれを実行している人たちに、バランスのとれた時間と安らぎを与えてくれる。ストレスが消え、リラックスできて、自分も周囲も上質の時間が過ごせるので、心にも頭にもおすすめ。

人は、怠惰にしていると、思考し瞑想し哲学するので、じっくり時間をかけて行動できる。エピクロスやソローやエマソンやラファルグを読み返そう。いまこそ、自分を見つめて、消費を減らすべきとき。ギアを変え、この新しいリズムを楽しみながら受け入れる。この新しい生活の中で、テンポを落としながらも、頭とその中身を目覚めさせたまま、待ち伏せの場所にうずくまり、枝が揺れたのを感じたら、すぐに狙いを定め、引き金を引き、近づく……。前のように。前と同じくらい、いいえ、前よりもうまく！

「マ・シェリ、横になったら？　そのほうがいいよ」と、ここまで読んだル・ドゥが心配そうに言った。私が存在の危機に陥りそうだから、早く止めなくてはと思ったらしい。

「〝フィロソフィカル・マガジン〟の定期購読と、シャルル・ペパン（＊女性に人気の著名な哲学教授）の講義もしばらくやめよう、いいね？　リラックスしようよ」「なんですって！　シャルル・ペパンの講義をやめる？　ああ、それはだめよ！」。

「1日延ばし」の癖をなおすにはどうしたらいい？

もしも何か聞かれたら、いつもこう答える。「ゆっくり考えて、明日か明後日返事をするわ」と。ル・ドゥはいろいろな面で私の先生だけれど、「1日延ばし」の癖についてもそうなので、皮肉っぽく、こう聞いてきた。「ところで、『1日延ばし』についての原稿はまだ？」「……」

うまく明日に延ばすために、私は絶えず楽しみを見つけ出し、やるべきこと以外のあらゆることをする時間を引き延ばしている。

この3週間というもの、私は恥ずべき快楽のおかげで、原稿が書けない事態に陥っている。ぐずぐずと1日延ばしにするのは、恥ずかしいけれど楽しい。原稿を遅らせたまま、見たいものを優先する。一般的なインターネットと特殊なソーシャル・ネットワークは、素晴らしい表現の場。どうでもいいのぞき趣味と無意味な興味の間に、きらびやかな誘惑の言葉がちりばめられている。

おかげで、私は最初の一行を書き始める前に、アマゾンの文芸欄にさっと目を通すつもりが、瞬く間にショッピングの宣伝文句（ASOS、ヴェスティエール・コレクティブ……）にとり込まれ、駆り立てられるように（やりたくないのに）下着やら靴やらコートやらの（全部ブランドが外してある）値段の比較を始めている。

そこで、インスピレーションをかき立てるためにお茶を入れると、友だちから電話がかかってくる。特に用事はなかったのよ、と彼女が言ったのは、随分と話し込んでから。そのあとすぐに、いい仕事やお客が見つかると聞かされたリンクトインをちょっとだけ見て、それからフェイスブックにどっぷりつかる。そこでは、海辺で撮った足の親指の写真をアップした人に、たくさんの「いいね！」がついていた。続いてホームエクスチェンジのサイトを見てみると、バティニョルの3ピースの部屋をソーホーのロフトと交換したがっている人がいた。相変わらず、一行も書けていない。

ニュース（「ル・フィガロ」、「クオーツ」、「スレイト」……）は本当に時間泥棒で、いったん読み始めるときりがなくなる。だからその前に、何か新しい講座がないかとコーセラ（＊無料オンライン教育）に目を走らせ、ちょっと運動しなくちゃ、とつぶやく。目新しいレッスンはないかしら、と近所のダンス・スクールの予定表を開く。あら、走ればモダンジャズのクラスに間に合いそう……。それが終わるのが夜の8時。まだ一行も書いていない。

1日の終わりには、「健康」アプリをチェックして、今日の歩数が昨日より多いことを確認。それからTTSO（＊ニュースレター）を読み、時間というものについてつくづく考える。絶対に24時間しか与えられないのに、その3分の1を我らがクイーンとキング（ベッド）に捧げるなんて……（ル・ドゥはいびきと寝相がひどいから）。

「お金、そしてそれから」

“魔法のランプよ、どうかお願い、もしも私にお金がないならば、いつもお金持ちの友だちを持たせてください！”

お金は使うために発明された。楽しみのため、自分の楽しみと愛する人たちの楽しみのため、文化のため、幸福のため。でも、使うだけではいけない。よく働いてよく遊ぶように、ちゃんと考えて。

50代では、あってもなくても、お金はそれほど問題にはならない。社会的な立場はもう変わらないから。2018年に50代になっている私たちは、いい時代に生まれたと思う。いまより稼ぐのが簡単で、住む家も手に入れやすかった。現在は、経済成長はすぐには回復しないと言われている。

それなら、アパルトマンをときどき貸してみたら？　ひと部屋だけでも構わない。そんなに面倒でもなくて、メリットが三つある。収入が増え、世界中の人と知り合いになれて、引っ越しをしなくて済む。だから、子どもたちが独立して、一人には広すぎるアパルトマンにそのまま住みたいならば、ときどき、人に貸すのもいい方法。

ときどき貸すだけでなく、交換してもいい。いまは、バカンスでは、人の家に泊まる、家を共有する、交換する、が普通のことだから。

家の交換——私の体験談

空港につながる道で、私たちのタクシーはすれ違った。面白かったのは、互いがダイニングのテーブルに置いてきたシャンパンのボトルに、「いらっしゃい。どうぞごゆっくり楽しんで」というまったく同じメッセージを添えていたこと。3か月間、アメリカ人のカップルが私のベッドで眠り、その間、私はニューヨークにある彼らのマンションに泊まった。威圧感のあるビルディングに囲まれた、ガラス張りのタワーマンションの39階。セントラルパークの緑色だけがぽっかり見える。アパルトマンの交換はずっと前からやっているのですっかり慣れている。この便利なシステムのおかげで、ほとんど世界中を旅行することができた。お金やものにはとらわれないほうがいい。命も魂もないのだから。信頼こそが、分け合うべき必要なもの。

社会的かつ国際的な不動産の交換のおかげで、私は世界中にセカンドハウスとそこに住む友人を持っている。これは、観光の、社会の、放浪の新しい経済制度。50代ならば、男性でも女性でも、ぜひともやってみてほしい。

ときどき「知らない人が私のベッドで寝るなんて嫌だわ」と言う人がいるけれど。そういうときは、一緒に寝るわけではないのよ、と説明してあげる。

減らしていく

ものを減らす予定を立てよう。はみ出しているものはすべて取り除く。多すぎるものをすべて始末する。いますぐとりかかってほしいのは、魅力のなくなったもの、贅沢な古着屋しか欲しがらなくなったものの処分。別れた男性からもらった宝石（売ろう！）、古いコート（捨てて！）、1994年のプレス・セールで拾ってきたシャネルの服（出て行って！）、タンス（外に出そう）、絵（ルボンコワンに電話しよう）……。古いものとはお別れするしかない。

まずは、売る！　そうでなければ交換する、リサイクルに出す……。ほかに収入を得る方法と言えば、車を貸す、家をまた貸しする。そう、〝エコロノミゼ〟してほしい。これは私がつくった言葉で、エコロジーを考えながら、エコノミゼ（倹約）すること。たとえば、車を相乗りする、プラスティックの袋と紙をリサイクルする、ミネラルウォーターのペットボトルは絶対買わないで、浄水器とカラフを使う。

これまで過剰消費をしてきたなら、これからは逆が好きになる。きっと反対のことをやりたくなる。だって、私たちより少し年上で、1970年代にマオイスト（＊毛沢東主義者）だった人たちが、いまどうしているかを知っている？　笑えるわよ！　みんな、子どもを私立の学校に入れてる。特に〝栄光の30年間〟のおかげで、ラクしてがっぽり儲けた人たちは、租税回避の指南役に支払う報酬があまりに多いとぼやいているわ。

社会生活とお付き合い

他人を見つめたり、観察したり、話を聞いたりする能力は、年をとっても変わっていない？　一番最近、好きになったのはどんな人？「いい人ね。もっと仲良くなりたいわ」と思ったのはいつ？

親しくなったりならなかったり、人との関係は変わるもの。友情という構造地質学のプレートは、使える時間や交友関係やパートナーによって変動する。

だからこそ、相手が男性でも女性でも、まだよく知らない「ほかの人」を、いつも好奇心に満ちた目で見つめたい。

食事は何時から？　何を持っていけばいい？

この二つの質問は、「わかったわ、25日ね」と、「今晩よね、よろしく」の間に儀礼的に入れるものだけれども、実はあまり意味がない。だって、答えがどうであれ無視するだけだから。でも、礼儀としてはこう答えてほしい。「8時半からよ。何もいらないわ」と。

いずれにしても、私たちはしようと思ったことしかできない。だから、行ける時間に行くし、持っていきたいものを持っていく。もちろん、料理に合うかどうかを考えたり、ホストに気を遣ったりはするけれど（あとは、財力と気前のよさとの兼ね合いで）。

到着時間は、その人の人物像を映し出す。7時半ならば「オフィスから直接来たの。夜は早く寝ることにしているし、私はアメリカ人だから」。9時半なら「僕はアーティストだからね。ここは遠すぎるし、来る前にやることがたくさんあったんだ」。実際、客がそろうのを待ってアペリティフを飲み続け、ようやく席についたときには、ピーナッツに酔っている、なんてことになりたくなかったら、職場でも家庭でもバイオリズムが似ている人を招待したほうがいい。招待客の平均的な到着時間は8時45分前後。これは、働いている人とそうでない人の双方にとっての妥協点。

ところで、何を持っていく？　私たちの年齢になると「キッシュを持って来て」なんて頼まれることはめったにない。一般的には、友だちはみんな手作りの料理でもてなしてくれるし、そのお返しに、上機嫌と最近の話題と、冷蔵庫にあった飲み物を持参するのが暗黙の了解。

機嫌よく過ごすのは最低限の礼儀。でも、それは周囲の機嫌に左右される。器に盛られたリンゴは、一つが腐るとあっという間にほかにも移るけれど、それと同じで機嫌も伝染する。だから、落ち込んでいる人は招待者リストから外される。本当は、そういう人こそ招待してあげるべきだけど、でも、仕方ないでしょ？

それでは、もしもそうなってしまったら？ というのはつまり、自分の不幸の中をぐるぐるまわって、しかもそれを恥じらいもなくほかの客に打ち明ける人と一緒に招かれてしまったら？ ただちにすべきなのは、雰囲気をがらりと変えること。経験者としては、お祭り騒ぎで場を盛り立てるのがおすすめ。大きな音で曲を流したり、踊ったり、それとも、パリで流行っているゲームをするのはどう？ これまでで一番恥ずかしかったことや、一番大きな失敗を告白し合う。大ウケすることまちがいなし。

それから、一人でずっとしゃべり続ける人（だいたい面白くない話と決まっている）がいたならば、話の合間に無理やり、こちらの体験話を割り込ませよう。こういう場合に備えて、話をいくつかストックしておくといい。繰り返しや蒸し返しにならないように、なるべく最近の話題を選ぶこと。いつも羨《うらや》ましく思うのは、話を上手に振り分けて、場を取り持つことができる人。私は、会話が途切れるとどうしていいのかわからず、誰かが何かをしゃべってくれるのをひたすら待つだけだから。

誰でもそうだと思うけれど、私のアドレス帳にも、いくつか腐ったリンゴが載っている。はるか昔からずっとそこにいる。いろいろ挫折を体験したり、人にうつる神経症を患っていたりするけれど、私は彼らが好き。忘れないようにしている。人生は何があるかわからない。いま幸せでも、いつか運命が急変して、不幸になる日が来るかもしれない（絶対来ないでほしいけど）。そんなときでも、古いリンゴたちはそこにいてくれる。そう信じている。

もっと魅力的なお誘いのために、約束をキャンセルするにはどうする？

私たちが生きるのは、個人のエゴと社会のエゴがぶつかり合う、ピラニアのひしめく水槽。絶対に必要なのは、厳しい環境の中で生き抜くための基本的な規則を知ることと、何気ないふりで危険を回避する方法を学ぶこと。

「ちょっとモラルに欠けるのでは？」と言われるかもしれない。でも、それなら聞かせて。イケメンから急に誘われたり、「銀行に信用のある」男性の大邸宅で開かれるファンキーなパーティに招かれたとき、傷心の友人と食事の約束をしているのを理由に断る人なんている？　いないと思う人は手を挙げて。いると思うなら私に石を投げて！

どう？　ふーん。

いるはずないわよね。そうだと思ったわ。

都会の生活が教えてくれるものは？　度を越した個人主義、膨れ上がった自己中心主義、あるいは、あらゆるタイプのナルシシズムをかき立てる、逃れようのないネット社会が抱かせる「ミーイズム」。

それでは、本当の理由を悟られずに断るにはどう言えばいい？

「地下鉄の中で、気絶しちゃったの」↓もっと詳しい説明が必要になる。

「くたびれちゃって」↓ちょっと軽すぎて、理由にならない。

「スイミングに行かなくちゃいけないのを忘れていたの」↓これはあまりに失礼。

「叔母が亡くなって」↓こういう嘘は厚かましくないと無理。

「胃腸炎で」↓治るまでに40日間かかるけど？

「身分証明書を盗まれたから郵便局に行かなくちゃいけないの」↓悪くないけれど、やはりもう少し説明が必要。きっとこう聞かれるから。「まあ、どこで？　どんなふうに？」

個人的には、私は時代遅れの価値観の中で育てられたので、嘘はつけない。だから、現実を調整する。たとえば「会うのは明日じゃなくて明後日にできない？　ちょっとあなたにサプライズしたいの。どう？」と別の日を提案する。どんなサプライズにするかは、それから24時間で考える（コンサート、お芝居、ネットワーキング……）。だって、チャンスは少ないし、傷心の友だちはずっと傷心のままだから。

ただし、窮地に陥るのが12月31日。翌日にもっといい計画を提案するのが難しい。だから、この日ばかりは特別。最後の1分まで期待して、もしも素敵なお誘いがかかったなら、友だちとの約束はキャンセルする。パリ中が歌って騒ぐ日、モラルのかけらもどこかに飛んで行く。

だから、わかるでしょう？　12月31日に、自分の家に12人を招くような食事会を開いては絶対にだめ。そんなことをしたら、本当の友だちではないとわかった友だちとは仲違いして、大量に余った七面鳥を小分けに冷凍して、復活祭まで食べ続ける羽目になるから。

アルコール、この「必要善」

アルコールに関しては、個人差が大きい。それは仕方のないこと。でも、その差は小さくなっている。50代になると、好きなだけ飲むことができなくなるから。遺伝子、メタボ、肝臓、地球温暖化、そしてネオニコチノイド系農薬が起こすひどい頭痛。

年をとるにつれ、お酒には弱くなる。弱くなるだけではなく、若い頃の行動傾向がエスカレートする。千鳥足で歩いていた人はよろめくし、ちょっとおしゃべりになっていた人は息を継ぐ暇もなくしゃべり続け、惚れっぽくなっていた人はますます大胆になる。

友人のエドヴィジュは酔うととてもヘンになる。本人もそれを承知で、どんどん飲む。夕方6時頃にはすでに泥酔し、11時を過ぎると飲むだけの生き物になる。しかもそれが日《にち》常《じょう》茶《さ》飯《はん》事《じ》。

ある瞬間、彼女の遺伝子が変化する。笑い方は細切れに小さくなり、話はとぎれがちで脈絡がなくなり、何を言っているのかわからない上に終わらなくなる。これが始まりの合図！　よろめいていないだけましかもしれない。でも、小さな気配が大きな結果を招くように、セックスしたいと思える男性が現れたなら、瞬く間にリビドーが燃え上がる。幸い、いつもそうなるわけではないけれど。彼女が力尽き、自分を失っていくさまを、周囲はとまどいながら、多少の軽蔑も込めて見守っている。翌日、彼女は何も覚えていない。でも、自分という人間を知っているので、招いてくれた人に詫びを入れる。何に詫びているのかはわからないままに。

プリスカは酔うと嫉妬深く、ちょっと怒りっぽくなる。ずっと昔は非常に美しかった女性で、50代になったいまは普通に美しい。お酒を飲むと攻撃的になり、目から炎を放って、まるでかみつきそうに歯をむいてくる。ある時期、彼女は少し飲むと、決まって私にからんできた。正直に言うと、悪い気はしなかった。酔った言葉がお世辞に聞こえていたから。でもしばらく前から、彼女が優しくなったので、気分が妙に落ち着かない。彼女が飲むのをやめたのか、それとも私が老けたの？

セシルは酔うと惚れっぽくなり、愛情表現が過剰になる。一杯飲みすぎただけで、ご主人様に甘える子犬みたいにとびついてくる。胸を押しつけながら（ちょっと気恥ずかしい）、こう繰り返す。「大好きよ、大好き。どのくらい好きか、わかるでしょ？」と。そのセシルが出会ったのがロラン。彼もお酒を飲むとセシルとそっくりになる。でも、それ以外には共通点はまったくないので、彼らが愛し合うのは酔っているときだけ。二人で酔っているうちはそれでよかった。でも、一方が禁酒したことから、愛は終わった。

それでは私は？　以前は、ワインを四杯飲んでも、翌朝、頭痛はしなかった。でもいまは、ゆっくりペースで飲んでも、二杯でゾーミッグ（＊頭痛薬）が必要。さもなければ、目を閉じて、額に氷をあてたまま、3日間ベッドで過ごす羽目になる。

この頭痛のおかげで、「宴会性アルコール中毒」にならずに済んだ。でもアルコールを飲まないと、宴が進むにつれてその場から浮いてくる。周囲がどんどん早口になって、どんどんつまらなくなる話にますます大きな声で笑うのを、黙って見ているだけになる。本来の私は、飲むと陽気になるタイプ。お酒は私の知性を消してしまう。だから、朝起きたときのほうがユーモアがある。私を夕食に招くかどうかはよく考えて。

幸い、ル・ドゥが埋め合わせをしてくれる。ポーランド人の血を引く彼は、アルコールを何リットル飲み干してもまったく変わらない。いいえ、一つだけ変わるのは、感情表現が豊かになること。どれほど飲んでも酔わないし、どんなに混ぜても気分も悪くならない。そして惚れっぽくなってくれるのが何よりも嬉しい。

いまでも30代の人の誕生日会に呼ばれる？

突然変異、催眠術の失敗、並んでいない星座……。こうしたことでもない限り、50代の女性には絶対に起こらないことがある。

たとえば、友だちが妊娠する、仕事帰りに飲みに行って、酔っぱらった見知らぬ男性と帰宅する、30年来（30歳ではなく）の夫と別れる、授乳する（これはする人が減っているけれど）、一晩に三回愛し合う、午後、ビッグ・マックを食べてコーラを飲む、40歳以下の誕生会に招かれる……。

ちょっと待って、これは起きる。つい最近、私たちは35歳の誕生日会に招かれた。35歳！　まるで昨日のことみたいなのに、実はずっと昔のことになる！

周りに35歳の人がいるかと言ったら、姪といとこの息子くらいしか思いつかない。このお招きも、二世代を超えた結婚（20歳の年の差という意味）によるもの。誕生日を祝ったのはもちろん彼ではなく、彼女（ブリジット・マクロンの誕生会なんて聞いたことないでしょう？）。

夫妻がそれぞれ友だちを招待したので、客の半数が35歳で、残り半数は55歳。30代と50代を半々で交ぜ合わせた幸せな集まりはとても混んでいて、後半の私たちは全員ダンスフロアに集まり、ＤＪが親切に（というよりも哀れんで）優先的にかけてくれた１９９０年代のヒット曲（デザイアレス、フィリップ・ラ・フォンテーヌ、シャグラン・ダムール……）のリズムに合わせて関節をぶつけ合っていた。

このとき、いくつかのことに気がついた。

まず、30代の人たちが、私たち世代の歌の歌詞をよく知っていること。私たちに負けないくらいに。でも、どうして？　これは大いなる謎のまま。だって私たちは、ラフィンやメートル・ギムスのヒット曲の歌詞なんて全然知らないから。

それから、ケーキが運ばれてきたときに、スティービー・ワンダーを歌うのは時代遅れになっている。彼の〝ハッピー・バースデイ〟はもう古い。それでは、主役の周りに皆が集まるこの瞬間、ＤＪが選んだのは何の曲？　私たちはいっせいにシャザム（＊音楽を認識・検索する無料アプリ）を確かめた。それにしても、とにかく熱気がすごかった。音楽の音量もすさまじい。「私たちの時代」よりもはるかに大きかったので、コミュニケーションをとるには、大げさにほほ笑むか、三本の指を折り曲げて耳に近づけて「あとでね」と伝えるほかなかった。結局、私の耳は深刻な痛手を受けて、パーティが終わったあとも長い間、耳鳴りに悩まされた。

また、踊り方も20年の間に変わった。30代は、右腕でリズムをとり、人さし指を機械的に上げたり下げたりしながら、頭と腰をばねのように動かす。けれども50代はまったく違う動きをする。そもそも、ロックと呼ばれる、前世紀の音楽を踊るのは50代だけ。さらに、ソロで踊るにしても、一部の人は優しく体を揺らすが、それ以外の人々は（私のように）『フェーム』や『フラッシュダンス』のオーディションの場面が忘れられず、踵や腱を痛めるまで激しく踊り続ける。

午前1時、突然あたりが寂しくなった。同僚たちは？　踊っていた50代の人たちはどこに行ったの？　「年寄りは寝に帰ったのね」と私はル・ドゥに言った。「残っているのは、若い人（私たちのこと？）だけだよ」と彼も言う。実際には、50代の人々は、オープン・バーに群がって、元気を回復している最中だった。ウエイターが気前よくコップに注いでくれたウォッカを味わう。それが、シャンパンとワインを飲んだあとの仕上げのアルコール。そして、若者たちがリタイアを宣言する中、最後の熱狂的なステージに上がる。

翌日、必要になったのは、マッサージ、アスピリン、コーヒー、それと、数日間の禁酒。体からアルコールを抜くために、ハーブティーを浴びるように飲み、おそらく1週間は動けない。動くとしたら、どこが筋肉痛になっているかを確かめるため。ここも痛い、あっちも痛い、ああ、こっちも……。

SNSとの距離のとり方

インターネット上で、私たちの自我は数え切れないほどの姿を見せる。フェイスブックとツイッターは私たちの感情のバロメータ。そして、リンクトインに自分を売り込むと、定期的に連絡が送られてくる。そこでは誰もが、好かれるため、読まれるため、買われるため、雇われるため、もしくは売られるため、誘惑されるため、あるいはただ存在するためだけに、苦心している。

SNSはナルシシズムを増大させる。自分のイメージを保つために、そして、自分がどれだけ恵まれていて幸せかを友人やフォロワーに知らせるために必要だから。でも、幸せだと言いたがる人が実はそれほど幸せではないというのはよくある話。だから、コメントをつけるのに人生を費やすのは、ちょっとどうかと思うことがある。

そう言っておいて矛盾するようだけど、私は、人の画像を見たり、きれいな写真を選んだり、コメントを考えたりするのは大好き。ちょっと文学的になれる気がする。SNSは悪魔というわけじゃない。ただ、距離を保つことが必要なだけ。あらゆるものをすぐに時代遅れにしてしまうデジタル化のすさまじい加速、怒涛のように流れる「いいね！」、他人を喜ばせることへの関心……。こうしたものに時間を使いすぎる前に、よく考えよう。

バカンスの招待を受けるべき？

バカンスを過ごすには、お金のない友人同士で家を借りるより、金持ちの家に招待してもらったほうが安くつく。もちろん、お金があって気前もいい（どちらが欠けても意味がない）友だちを持てるチャンスなんて、そうそうあるわけじゃない。でも、もしもあなたが感じがよくて面白くて、行儀がよかったら、「夏はどんなご予定？」と聞いてもらえるかもしれない。さあ、そのとき、ぴりぴりするような沈黙の中で、あなたは喜びを押し殺し、無関心を装った目を光らせて夫を見やり、何気なさを装ってこう答える。「いいえ、まだ何も決めていないんです」と。急いではいけない。あわてて返事をしないで。ドアを少し開けたまま、詳細がわかるまで待つ。あとでびっくりしないように、聞くべきことは聞いておく。

「お子さんはいらっしゃるの？」「まあそう、おいくつ？」「お食事はどうするの？　どこで寝るのかしら？」。

もしも相手の子どもたちが15歳以下で、共同生活が予想されるなら、このお誘いは忘れるように。あなたのル・ドゥの腕をとり、どこでもいいから場所を変えて。戻ってきたときに、またおつきあいをすればいい。でも、もしもその家に、浴室付きの寝室が六部屋あって、一緒に招かれた人たちが感じのよい人たちで、フルタイムの使用人がいて、モーターボートもあるなら、受けるべし！

ただし、忘れてはいけないのは、バカンス客たちに不法入居される家にはルールがあるということ。あなたに口をはさむ権利はない。だから、またお呼ばれしたいとか、いい関係を保ちたいとか思うなら、ルールを無視するなんて不作法なことはせずに、慎み深く従おう。

まず、滞在期間は絶対に守ること。4日間を越えてはいけない。冷蔵庫に4日間も魚を入れっぱなしにしておいたらどうなる？　こんなエレガントじゃない比較はしたくないけれど。でも、よほど行きづらい場所でない限り、期間に関するルールは守ったほうがいい。

そのほか、マダムには手土産（本、香水、大皿、バッグ、置物など）を持参する、いつも機嫌よくする、ほほ笑みを絶やさずに（間の抜けた笑いではなく、親しみやすく）、ホストの会話には気を配る、挑発的な言動は慎む（言いたいことはあるでしょうけれど）。デリケートな話題（闘牛、エコロジー、労働法、移民法……）のときは、会話には参加しない。逆に、一般的なこと（不動産、観光、Voici誌やフィロソフィカル・マガジン誌の最新号の記事……）なら参加しよう。バックギャモンのゲームをするのもおすすめ。特にホストからの提案なら絶対にやるべき。

それから、手伝いをする、帰り際にはメイドにチップを残す、そして、ものすごく丁寧なお礼のメールを書く。

いつの日か、自分が招待する側になれることを夢見て。

おわりに

ここを読んでいただけているなんて、とても嬉しい（そう……後ろから読み始めたのでなければ！）。こうして最後までできたけれども（「もう？」と言ってもらえると思うのはうぬぼれ？）、本を書くというのは、まさしく冒険だった！

意志をふるい立たせ、記憶を呼び覚まし、疑い、保存し、削除し、元に戻し、推敲し、途中で断念し、選別し、消し、また始め、また戻り、そして、ついに終えた。

「終わり」という文字が恐ろしくて、後戻りしたくなる。

このページを読んでくれているあなたへ、最後に、優しい言葉とともに、この50代というまばゆい10年間をよりよく味わうために役に立つアドバイスを。

まず、嫌な記憶はふるいにかけて取り除き、自分の歴史には、中立の情報と、楽しい思い出か建設的な体験だけを残すこと。不快な過去は決して抱え込まない。激しい感情を持てあますことがないように、自分のページは毎日めくって更新しよう。

個人の成長を説く本はほかにもたくさんあるから（ほら、「いま、この瞬間を楽しめ」とかなんとか……）、ここではその話はしない。50代ならば、日々の喜びを見つけるだけでなく、悲しみを溶かし、忘れることを学び、暗い気分をうまく切り抜け、メランコリーに注意して、ときどき振り払い、いつも愛することができたほうがいい。

そして、孤独を糧《かて》にして立ち直り、異性を敬い、心を開き、活発でユニークな快楽主義を楽しむ。こうしたすべてを、この10年間で学ぼう。

持っていこうと決めたものはスーツケースに入れること。喜びや上機嫌や優しさはあまり場所をとらない。反対に場所をとるのが、憤りや怒りや不満や不機嫌……。


50代の女性、いいえ、すべての女性に言いたい。

人生は絶えず新しく始まる。その瞬間ごとにやり直すことができる。

私が50代で出会った愛は、思いがけず授かった子どものように、前触れもなく不意に訪れた。

ある日偶然、青く澄みわたった空のもと、素晴らしい景色の頂で出会った。

このめくるめく愛を、人生への欲望を、限りない興奮を、ずっと保っていたい。

それがいまの私の願い。高みにとどまりたい。降りたくない。

でもある日、もしもこの愛の色がくすんだら、もしも小さな不協和音が響いたら、もしもキスも心も乾いたら、もしも相手を失うかもしれないというかすかな不安がなくなったら、そして、私たちのどちらかが、別れてほかの生活をしたいと願ったら……。

引き止めずに幸せを願ってあげられるぐらいに、彼を深く愛したい。

そして、しがみつかないぐらいに、自分を深く愛したい。

いずれにしても、こうしたすべてに年齢は関係ない。なぜなら、終わりは決して終わりではないから。


いまは、インターネットのおかげで、出会いが簡単になった。かつてはびこっていた不条理な評価もいまはなく、私たちはありのままの姿で愛される理由を持っている。

私たちは、年齢がかつてとは違う意味を持つ時代を生きている。

あまりに長い間、社会は女性を、出産や、服従や、一時の欲望や征服の対象とする偏見の目で見てきた。それがなくなるのは本当に評価すべきこと。

若さという美点はひどくはかない。私たちは、自己実現し、自己表現し、理解され、そして、受け取るのと同じだけ与えることのできるチャンスを持っている。古い社会の規範を覆すことで、私たちの世代は、50代という人生の一行程をよみがえらせた。

人生の最後の直線で、すべてを貪欲に楽しもう。

過去のクズなど打ち負かし、ガラス球をゆすって、降る雪を楽しんでみよう。

100年前だったら、私たちの半数はすでに死んでいる。50年前なら、全員が「おばあさん」になっている。

いまは、アプリや化粧品、科学、化学、既に遠くない不死、フェミニズム、男女平等、スマホ連動体重計、サプリメント……そして、ここにはなくてもいつかはやってくるチャンスのおかげで、私たちは皆、50代の若き女性のままでいる。

謝辞

心からの感謝を込めて。


カリナ・オーシーヌ＝ベランジェ（妖精）、その信頼に。

ジャンヌ・モロソフ（ほとんど妖精）、編集者としての適切な助言と変わらぬ好意に。

ミシェル・ミュンツ、執筆の段階ごとに与えてくれた思慮深い助言と惨劇をもたらすユーモアと私たちの愛に満ちた生活に。

ヴィルジーニ・リュク、ファビエンヌ・アジール、フローレンス・ル・ルー、この本を読んで励ましてくれたことに。

大切な友人たち、多くの若き50代の女性たち、私のヒロインたち、体験談を使わせてもらった女性たちに。

名前は変えてあるけれども、きっとわかるはず。

アレクサンドラ、アンヌ、キャトリーヌ、コージー、コンスタンス、フローレンス、マリー、マリー＝フランソワーズ、ナット、ニース、パペス、ヴィルジーニ、どうもありがとう。

同じく、男性陣のアントワーヌ、ベルトラン、ロラン、ファブリス、ジャン＝クリストフに。ほかにもいるけれど、自分のことだと気づかないのでは？

私のブログ"Happy Q"(www.happyquinqua.com)の誠実な読者の皆さんに。

そして、ティモテとダナエ、いつも誇りにしている我が子たちの変わらぬ優しさに。

［著者］
ミレーヌ・デクロー（Mylène Desclaux）
南仏生まれで、現在はパリ在住。広告業界で働いた後、広告代理店を設立するが2009年に売却。その後はパリとニューヨークを行き来しながら、50歳でウェブサイト「Happy Q」（https://happyquinqua.com/author/mylene/）を開設し、ブロガーおよび作家として50代女性のための新しいライフスタイルを提案している。プライベートでは、50代で（！）“ある男性”に会うまで５年以上同じ男性と一緒にいることはなかった（あえてそうしていたわけではなく、たまたま）が、現在は、本書の登場人物の一人であるパートナーと暮らす。子どもは二人（父親は別）。

［訳者］
吉田良子（よしだ・よしこ）
1959年生まれ、早稲田大学第一文学部卒、仏文翻訳家。主な訳書に、シャン・サ『女帝 わが名は則天武后』（草思社）、アレクサンドル・デュマ『ボルジア家風雲録』（イースト・プレス）、ジャン=ガブリエル・コース『色の力』（ＣＣＣメディアハウス）、ロジェ・ゲスネリ他『世界一深い１００のQ』（ダイヤモンド社）など。

大人が自分らしく生きるためにずっと知りたかったこと

2020年４月15日　第１刷発行

著　者――ミレーヌ・デクロー
訳　者――吉田良子
発行所――ダイヤモンド社
〒150-8409　東京都渋谷区神宮前6-12-17
http://www.diamond.co.jp/
電話／03･5778･7234（編集）　03･5778･7240（販売）
装丁――――上坊菜々子
カバーイラスト―Djohr Guedra
本文イラスト―須山奈津希
DTP　―――アイ・ハブ
編集協力――小嶋優子
校正――――鷗来堂
製作進行――ダイヤモンド・グラフィック社
印刷・製本―三松堂
編集担当――長久恵理

ISBN 978-4-478-10670-9